养老问题研究文库

农村养老保障的供需研究

基于河南省W县的调查

汪璐蒙◎著

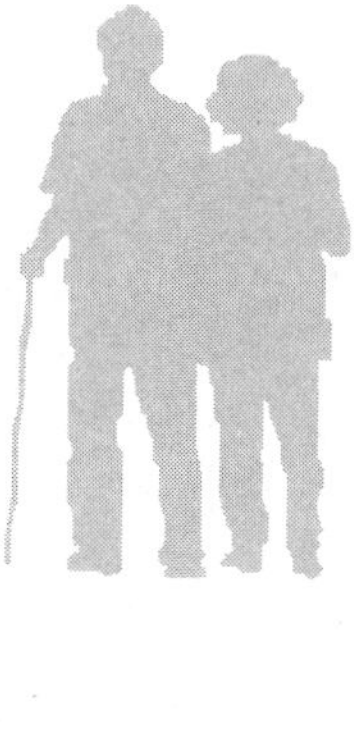

中国经济出版社
CHINA ECONOMIC PUBLISHING HOUSE
·北京·

图书在版编目（CIP）数据

农村养老保障的供需研究：基于河南省W县的调查／汪璐蒙著．--北京：中国经济出版社，2023.8

ISBN 978-7-5136-5384-8

Ⅰ．①农… Ⅱ．①汪… Ⅲ．①农村-养老-社会保障-研究-中国 Ⅳ．①F323.89

中国国家版本馆CIP数据核字（2023）第125950号

责任编辑　夏军城
责任印制　马小宾
封面设计　任燕飞

出版发行　中国经济出版社
印 刷 者　河北宝昌佳彩印刷有限公司
经 销 者　各地新华书店
开　　本　710mm×1000mm　1/16
印　　张　14
字　　数　207千字
版　　次　2023年8月第1版
印　　次　2023年8月第1次
定　　价　88.00元
广告经营许可证　京西工商广字第8179号

中国经济出版社　**网址** www.economyph.com　**社址** 北京市东城区安定门外大街58号　**邮编** 100011
本版图书如存在印装质量问题，请与本社销售中心联系调换（联系电话：010-57512564）

前　言

PREFACE

2021 年 7 月 1 日，习近平总书记在庆祝中国共产党成立 100 周年大会上庄严宣告，脱贫攻坚任务如期完成，中国已全面建成小康社会。伴随乡村振兴战略的有序推进，各类资源集聚乡村，农村养老保障作为乡村振兴战略的具体抓手，发挥着基础性作用。尤其是城乡二元结构下，传统农村养老方式陷入困境，农村老龄化问题日益严重，农村养老保障的供需不均衡也日益突出。在乡村振兴与老龄化加剧的双重背景下，探究农村养老保障供需实践既升华了理论价值又凸显了现实意义。

本书基于县域层面养老保障供需问题研究，以河南省 W 县的农村养老模式实践创新为例，通过对历史脉络的梳理，分析了中国养老保障制度的变迁历程；基于养老保障制度的基本特征和养老需求，剖析了城乡二元结构下中国农村养老保障供需失衡问题，进一步阐述了中国农村养老保障的发展趋势，从总体上把握中国农村养老保障的现状和未来发展趋势。从需求视角，对于 W 县农村养老保障需求作了全景式呈现，提炼出类型化的基本样态，探讨了影响 W 县农村养老保障需求发展的关键因素，展望了多层化变革发展趋势；从供给视角，围绕 W 县农村养老保障供给，构建了供给主体、供给对象、供给内容、供给模式的四维分析框架，为构建多层次社会养老保障体系打下坚实基础；基于供需均衡的内在逻辑，呈现了供需养老互动的实践模式，使供需互动达到一种动态平衡状态。基于此，本书提出了构建农村多层次供需均衡的养老保障体系，坚持公平价值取向、供需适应、政府责任重构的基本原则，围绕生存型、生活型、发展型三种基本层级，尝试构建供需均衡的养老保障体系。最后，通过创新农村社区自我养老模式、优化政府购买养老服务模式、扶持社会养老服务机构发展模式等，进一步完善多层次供需均衡的农村养老保障体系。

本书研究发现，构建多层次供需均衡养老保障体系是解决农村养老保障供需失衡问题的重要举措。多层次是立足于养老需求的多元化而建构的，供需均衡是应对供需失衡而提出的对策。具体表现为：第一，农村养老保障供需均衡是一个渐进动态过程，具体实践中应革新理念来解决农村养老保障供需问题。第二，农村养老保障是多元化需求，应坚持分类管理与精准施策。以需求为导向，为农村地区不同行为能力老年人提供更为精准的养老服务保障。第三，发挥多元主体间的协同融合作用，形塑多层次均衡体系的制度机制。要进一步明晰主体间边界，形成有机互动体系，整合各主体间不同类型资源，使资源集聚化、优质化。在整个多层次供需均衡的养老保障体系框架下，政府、市场和社会等不同主体要根据各自禀赋发挥不同效用，能否达到最大效能，需要各主体间的协同融合。第四，探索农村多元化养老服务模式，丰富养老保障基本内涵。通过把握乡村振兴战略机遇，从乡村外部政策、资源输入角度、乡村内生动力等层面，探索多元养老保障服务模式。总之，构建多层次供需均衡的农村养老保障体系需要立足农村基层实际，把握大的战略机遇期，在已有基础上，创新农村社区自我养老、政府购买养老服务、社会养老机构养老的多元化养老服务模式。

目 录

CONTENTS

第 1 章

绪　论

1.1 研究缘起

中国人口老龄化进程在不断加快，尤其是农村老人的数量急剧增多，与城市相比，农村人口老龄化程度更为严重。截至 2020 年 12 月，中国 60 周岁及以上人口约 2.6 亿，占比达 18.7%，65 周岁及以上人口约 1.9 亿，占比达 14.59%，标志着中国已经进入中度老龄化阶段。[①] 按照中国发展基金会预测，中国 60 岁及以上的老年人口在 2050 年将接近 5 亿，占总人口的比例将超过 1/3。[②] 随着人口老龄化程度的加深，中国的养老问题愈加严峻。人口老龄化与中国当前经济发展水平存在一定矛盾，“未富先老”已经成为当下的养老困境。我国农村老年人口的养老问题日益严峻，成为民生领域以及城乡均衡发展中一个难以回避的问题，亦是农民最关心的问题之一。

2017 年 10 月，党的十九大报告指出，农业、农村、农民问题是关系国计民生的根本性问题，必须始终把解决好“三农”问题作为全党工作的重中之重。必须保证农民的生活质量，切实保证老百姓的幸福生活。2018 年中央一号文件对实施乡村振兴战略进行了全面部署。实施乡村振兴战略，要从小事做起，其中解决农村老人养老问题，做到老有所养、老有所依，提高农民幸福感至关重要。文件明确指出要建立健全制度机制、完善

---

① 国家统计局．第七次全国人口普查公报［EB/OL］．2021－05－11. http://www.stats.gov.cn/tjsj/zxfb/202105/t20210510_ 1817177.html.

② 中国发展基金会 2020 年 6 月发布的《中国发展报告 2020：中国人口老龄化的发展趋势和政策》。另外，根据联合国 2017 年最新数据，我国 60 岁及以上老年人口将从 2015 年的 2.25 亿人（占总人口的 15.4%）上升到 2050 年的 4.79 亿人（占总人口的 35.1%）。两者结论基本一致。

各类保障体系、优化多元服务模式。[①] 2019 年 4 月，中共中央、国务院发布《关于建立健全城乡融合发展体制机制和政策体系的意见》，进一步指出完善“三险制度”[②]，建立异地就医联网结算，完善基础养老金正常调整机制，并再次强调“要构建多层次农村养老保障体系，创新多元化照料服务模式”。2020 年中央一号文件要求健全“三级养老服务网”、推动基础设施建设、发展农村普惠互助养老模式。[③] 2021 年 2 月 26 日，中共中央政治局就完善覆盖全民的社会保障体系进行第二十八次集体学习。习近平总书记强调“要加快发展多层次、多支柱养老保险体系，更好满足人民群众多样化需求”。

为解决这个问题，国家做出了诸多努力，最新出台的乡村振兴战略规划更是关系着未来农村的发展方向。分类推进乡村发展，促进农村产业融合，健全农村基层服务体系和农村服务供给，加快农业转移人口市民化等规划都与农村养老服务问题紧密相关。同时，对中国农村养老现状的考察发现，在人口老龄化和社会经济转型背景下，农村养老保障的需求总量迅猛增长。农村人口老龄化不仅导致经济供养保障需求总量急剧上升，而且导致非经济性养老保障需求总量急剧增加，如医疗保健、生活照料和精神赡养等。与此同时，随着经济发展和社会转型，农民的职业和收入出现了分层。农村经济社会的发展，使得群体间差异化越发明显，收入、教育和兴趣等成为影响农民养老需求的主要因素，农村养老保障方式呈现多元化特征。相对急剧增长的养老保障需求，现行农村养老保障供给尤显乏力，供求失衡。在乡村振兴战略背景下，外部输入方式为农村带来了资金和资源，也为农村养老保障体系的均衡化发展提供了契机，在实践层面回应面对农村养老问题的复杂性和特殊性，我国的农村养老方式该如何选择，什

---

① 要完善城乡居民基本养老保险制度，建立城乡居民基本养老保险待遇确定和基础养老金标准正常调整机制。统筹城乡社会救助体系，完善最低生活保障制度，做好农村社会救助兜底工作。将进城落户农业转移人口全部纳入城镇住房保障体系。构建多层次农村养老保障体系，创新多元化照料服务模式。

② 即城乡居民基本医疗保险、大病保险、基本养老保险制度。

③ 乡村衔接的三级养老服务网络，推动村级幸福院、日间照料中心等养老服务设施建设，发展农村普惠型养老服务和互助性养老。

么样的农村养老方式才是适合中国现阶段实际的最佳选择，现行的诸多农村养老模式或对策是否适合，如何调整才能满足不断变化的现实需要。基于此，从供需平衡的视角研究中国农村养老保障体系的多层次构建显得尤为必要，也是本书重点关注的问题。

1.2 研究意义

本书聚焦乡村振兴背景下农村养老保障多层次供需研究，考察W县具体养老保障实践过程。从历史视角，回顾了中国养老保障的发展历程及制度变迁，旨在把握中国农村养老保障的整体情况，从而进一步聚焦农村养老保障多层次供需研究，尤其是在推进乡村振兴战略下，构建供需均衡的多层次农村养老保障体系具有重要的理论意义和现实意义。

1.2.1 理论意义

首先，基于中国农村养老保障制度演变过程，总结中国养老保障制度演变的基本规律，为构建具有中国特色的农村养老保障制度提供学理支持。中国养老制度变迁的过程蕴含着中国农村养老制度变迁的规律，尤其是现阶段，中国社会的老龄化进程加快，并呈现出新的特征。要把握未来老龄化社会养老保障制度的发展方向，就需要对中国养老保障制度发展历程进行深入分析。农村养老保障制度的变迁更具独特性，在乡村振兴背景下总结中国农村养老保障制度变迁的一般规律，总结中国解决农村养老问题的独特智慧经验，更能彰显中国政治制度的优越。

其次，挖掘并凸显中国特色农村社会保障制度的优势，在对历史和现实研究的基础上，构建具有中国特色的农村养老保障制度。当前对于农村养老保障制度的研究，历史梳理和现状描述是重点，包括中国农村养老保障制度的形成与变迁，城乡二元结构下农村养老保障制度的不足及未来改革发展的方向等。研究的系统性和深度不够，尤其是在农村经济社会急速变化的今天，现实为理论的发展提供了丰富的素材，却没有形成新的理论，这充分说明，研究需要进一步加强。此外，中国的养老保障制度离不开中国的国情和农村的现实情况。西方的社会保障理论是建立在西方的政治经济制度下的，未必适用中国基本国情。中国的政治制度、经济发展、养老文化等乡村社会结构特征都会对社会保障制度产生重要影响。因此，研究要凸显中国养老保障制度的特点，形成具有中国特色的养老保障理论。

最后，通过对影响农村养老保障制度的要素进行多维度探讨，对已有的养老保障理论进行丰富诠释，旨在建构更为契合中国实际具有中国特色的养老保障制度体系，为乡村社会发展提供更多的理论指导和实践案例。

1.2.2 现实意义

一方面，促进城乡均衡发展的养老保障制度的建立，更好满足农村地区居民对养老的多元化需求。健全的农村养老保障体系能为农村老人提供物质保障和精神保障，实现对老年人的人文关怀，有利于维护老年人的合法权益。同时，由于经济社会发展的根本目的是使人们生活得更好，农村养老保障可提高占中国老年人口比例较高的农村老人的幸福感，充分体现了经济社会发展的目的，体现了经济社会发展目标的根本要求。

另一方面，在乡村振兴背景下加快构建多支柱多层次的养老保障体系，可增强抵御风险的能力，促进城乡融合均衡发展和区域协调发展，缩小发展差距，提升养老保障的附加值。

1.3 国内外研究综述

1.3.1 国外研究

1.3.1.1 养老保障基本理论的研究

国外关于养老保障的理论研究较丰富，主要基于市场经济发展而逐步形成相关理论，比较有代表性的基础理论如下：

一是福利国家理论。该理论起源于19世纪末的德国，新历史学派面对资本家与工人间日益尖锐的矛盾，提出需要在国家层面加大民生事业投入，增强福利基础设施建设，通过间接方式调节收入分配、缓和群体矛盾，营造公平正义的社会氛围（Grimmer Solem，2003）。伴随福利国家的实践发展，20 世纪 40 年代，英国新的福利措施出台，主要是为了摆脱“二战”后的混乱，加快恢复英国国民经济发展（Abel Smith，1992）。贝弗里奇于 1942 年发表《社会保险及相关服务》（*Social Insurance and Allied Service*，即《贝弗里奇报告》），首次提出建立“社会权利”新制度，包括失业及无生活能力之公民权、退休金、教育及健康保障等理念。该报告在社会保障事业的管理上，要求政府制定统一、无差别的缴费费率及给付水平。在养老保障制度的设计上，基本原则是普遍性、统一性、权利义务对等，这些都有力促进了英国社会秩序恢复，为社会福利制度的设计提供了有益借鉴。

二是凯恩斯经济理论。英国的经济学家凯恩斯提出了著名的有效需求理论，由此延伸出的社会保障思想直接促使社会保障事业在全世界范围建立和发展。他主张通过累进税和社会福利等办法重新调节国民收入的分配，缩小贫富差距，促进社会公平，认为有效需求的大小决定了社会充分就业的程度（John Maynard Keynes，2010）。需求侧的不足是凯恩斯考虑的重点，经济大萧条的发生，最为根本的原因就是有效需求的不足，弱势群体面临这一处境更加不堪一击，最终引起社会不稳定，带来一系列治理风险和困境。从社会正义的角度来看，国家有责任通过实物补偿、货币补贴和再就业政策来帮助这些弱势群体。因此，他从宏观上提出国家对弱势群体负有保障义务，这在一定程度上缓解了社会矛盾，确保了发展秩序的稳定。

三是福利多元主义理论。福利多元主义理论基本理念是分权和参与。福利多元主义理论中政府转变了角色，从公共服务的供给主体转变为购买方和管理方，如购买公共服务、制定规则、争议仲裁等。上一级政府将权力下放至下一级政府，下一级政府再将权力转移给其他主体。参与的多元主体价值观念和利益可能发生冲突，主体之间的关系成为该理论解决公共服务问题的核心。关信平（2002）认为各福利供给主体间的张力关系不仅体现在活动主体边界的移动，而且表现在不同时间、不同地域下的不同选择，还表现在主体间关系的判断等方面。这一概念最早出现在1978年沃尔芬德委员会所作的《志愿者组织的未来》这一报告中，报告认为政府不再是单一的福利提供者，强调福利提供方的多元组合，市场、社区、社会组织以及家庭等其他主体也应当承担相应的责任。不同的研究者对福利多元主体进行了大致相同的分类，如罗斯将其分为国家、市场和家庭；伊瓦斯将其分为国家、市场、社区和民间社会；约翰逊将其分为国家、市场、家庭和志愿组织；而吉尔伯特将其分为政府、志愿组织、非正式组织和商业组织（吴飞，2015）。此外，德诺贝格提出了福利五边形理论，即家庭、国家、市场、社会网络和会员组织五个主体，多主体之间是一种协同合作、相互补充的关系，能够形成优势组合。该理论认为多种机制相互重叠交叉、相互取长补短的局面恰恰可以创造一种相互嵌入的新福利模式来提供社会服务。福利多元主义寄希望于多主体在自身价值导向下参与福利供给，通过充分的竞争降低供给成本，提升福利供给与公众需求的契合度（蔡继红，2011）。在不同的价值引导下，各主体能够积极主动参与社会福利的供给，但主体之间协调是否得当对其形成平衡状态具有重要影响。一旦多主体之间的关系不能得到有效调节，社会福利的总体供给不足，则可能导致多主体供给的失灵。该理论的局限性在于福利多元主义试图在减少政府责任和公共支出的前提下维持社会的公共福利水平，存在着潜在的风险。关键问题在于其他主体是否能够有效补充政府社会责任，以及相互之间的竞争和合作是否能够与公众的需求相契合。

四是需求层次理论。人的需要既是一种生物本能也是一种社会本能，它是人对外界客观事物感到某种缺乏而渴求获得满足的心理倾向或欲望，是人为了生命存在、发展、延续与生俱来的基本要求（吴飞，2015）。人的需要与人的动机紧密联系，一个人的社会化过程，亦是他的需要由低级到高级发展的过程。人们总是处于对各式各样需求的渴望与追求之中，由需要引发的行动使人趋于完整，并从中得到安全感、自尊感，体验到自身的精力、智力等的满足（蔡继红，2011）。1943年，美国心理学家亚伯拉罕·马斯洛根据人的需要提出了需求层次理论，认为人的需求大致可以分为五个层次。[①] 五个层次的需求实际上是人的生物属性向社会属性的等级排列。

需求层次理论遵循两个原则：一是所有人都有需求，当低层次的需求被满足后，高层次的需求才出现；二是迫切需求应先被满足，当迫切需求得到满足后，激励对后面的需求才有效（张慧，2015）。侯冰（2018）认为正是以上两个原则，使得该理论存在明显缺陷。集中在马斯洛对需求层次的单一性和单向性的强调上。有研究者根据这一理论缺陷对马斯洛的经典需求金字塔进行了补充，提出了理想的需求层次理论（马斯洛需求层级理论），发达国家的需求层次理论和发展中国家的需求模式。从单一性上看，理想的层级理论各个层次之间的划分使得不同层级的需求存在阶梯式刚性，即必须首先满足低等级的需求，才能够产生高层次的需求。现实中不同层级的需求可能会同时出现，并非一定呈现“单一性”特点。同时，需求不是单向逐步向上的过程。不同的人群可能存在着由低级向高级需求不断递进的“正常”的过程，但确实存在部分人群在高层级需求满足之后，转而倾向于满足低层级需求。因此，侯冰认为克雷顿·奥尔德弗提出的 ERG 理论，即生存需求、关系需求和发展需求理论能够弥补马斯洛需求理论的不足，认为这一理论的“受挫—回归”关系与马斯洛的需求理论形成了很好的互补性，它能够更加确切地说明老年人需求的非单向性特征。

五是马克思社会保障理论。马克思没有专门针对社会保障理论的论述，但其在对资本主义社会保障本质论、社会扣除理论以及社会再生产理论的批判中揭示了资本主义社会保障的虚伪性和共产主义社会保障的必要性。马克思从历史唯物主义的角度深刻揭露了资本主义社会保障制度的本质。从资本主义社会保障制度的目的来看，其根本在于维护资产阶级的统治地位。在资本主义发展过程中，工人创造了社会财富，但工人阶级却承受失业、工伤和疾病等风险。阶级矛盾的激化给资产阶级统治带来了威胁，资本家通过调整工人的福利待遇来缓和阶级矛盾。“现在的统治阶级，

---

① 五个需求层次从低到高依次是生理需求、安全需求、交往（爱/归属）需求、尊重需求和自我实现需求。

不管有没有较高尚的动机，都不得不为自己的切身利益，把一切可以由法律控制的，妨害工人阶级发展的障碍除去”。（马克思等，1972）但是资本家改善工人阶级生存状况的作用极其有限，况且用于工人的社会保障金来源于工人阶级创造的剩余价值。在资本主义社会，由于劳动力的商品属性，剩余价值被资本家无情剥夺。资本主义社会保障金本质上是资产阶级的财产，工人阶级只能获得最低限度的保障（孟丽，2021）。马克思社会扣除理论和社会再生产理论说明，人民创造的社会财富是社会保障金的来源，且社会保障金额分配是由国家主导再分配实现的，深刻揭示了建立社会保障基金的重要意义。

1.3.1.2 国外多层次养老金模式的研究

随着现实条件的变化，国外养老保障模式发生了新的变革，养老保障理论的研究也有了新的进展。一是体系上，从单一支柱逐渐走向多元支柱；二是模式上，从给付确定制演变为缴费确定制；三是范围上，从公共管理演变为公共与私人并存管理。其中最重要的变化是，国外的养老保障理论开始从福利保障研究转向多层次养老保障研究。

为了应对人口老龄化风险，世界银行提出了三支柱养老保障体系，并向世界各国政府推介。20 世纪 90 年代，世界银行出版的《防止老龄危机：保护老年人及促进增长的政策》对三支柱养老保障体系进行了详细介绍。三支柱养老保障体系通过建立不同主体在不同层级的有针对性养老保障制度，使得养老保障的协调性更强。三支柱责任主体分别是国家（政府）、企业和个人。其中虽然第一、第二支柱责任主体不同，但属于强制性养老保障计划，第三支柱主体是个人，采取自愿原则。第一支柱的目标是公平，政府通过税收筹集资金，再进行统筹分配；第二支柱是企业和个人的共同保险和储蓄，目标是为职工建立个人账户，以资金积累制方式建立；第三支柱的目标是满足更高层次需求，通过购买商业保险等方式进行养老储蓄。此外，国际货币基金组织（IMF，2000）、经济合作与发展组织（OECD，2005）也都提出了三支柱养老金制度模式，即基本养老保险、企业年金及个人养老金三者结合。这与世界银行的三支柱模式大同小异，两者都认为多支柱养老金制度可以实现功能互补，分散风险、改善经济效率，充分发挥私人养老金的给付能力。随着人口老龄化速度的不断加快、老龄化程度的日益加深，以及全球经济持续低迷，建立多支柱和多层次的养老保障制度已经成为多数国家的共识。

Holzmann、Packard 和 Cuesta（2000）对多层次养老保障体系的构成进行了补充。他们提出养老保险体系应该分为三层：第一层是由政府主导的非积累制模式，采取的是固定待遇，目的是缩小贫富差距；第二层是积累制模式，由私营部门参与，对第一层的养老保险进行补充；第三层是满足不同人群高质量养老需求的商业保险模式。Denis Latulippe（2001）提出了养老保险体系运行的效率问题，通过引入竞争机制，提高私营部门投资运营效率，减轻政府负担。Wagener（2001）则指出养老保险理论改进势在必行，分析各类保险模式基本特点，提出多层次制度的显著优势，即多层次养老保险体系在分担风险的同时能够共享利益，为多层次养老保险体系改革提供理论依据。Hans-Werner Sinn（1999）则对德国现存的养老金模式存在的问题进行分析，关注的重点是养老金的代际公平问题，多数国家采用的是现收现付制度，随着人口老龄化进程的加快，这一制度为年青一代未来的养老带来了风险，适当引入积累制能够确保养老金的稳定性。Robert Fenge 和 Jakob von Weiz sacker（2001）的观点与其相似，他们认为养老金的费率与公民税负之间的平衡关系非常重要，要充分考虑帕累托最优的关键节点，认为需要以基金积累制来解决未来养老金可能不足的问题。

整体上看，发达国家工业革命开展得较早，生产力水平较高，经济较为发达，养老保障模式较科学。在养老保障制度层面，城乡差距较小，为养老保障制度的理论研究奠定了较好的基础；经济理论和社会保障理论研究开展得较早，相关的养老保障理论研究较为深入。因此，在借鉴国外的经验和成果基础上，针对中国农村的现实情况，进行深入系统的研究显得尤为必要。

1.3.2 国内研究

国内关于农村养老保障制度的研究较丰富，与本书相关的研究主要集中于多层次养老保障制度研究、供需均衡下的农村养老保障研究、乡村振兴背景下的农村养老保障研究三个方面。

1.3.2.1 多层次养老保障制度研究

我国多层养老保险改革较早，在世界银行提出各国政府应建立一个多层次的养老保险体系之前，我国就已经出现多元化的养老模式。有学者对这一模式进行了研究，并取得了一定成果。通过梳理现有文献发现，我国对多层次养老保障体系的研究主要集中于多层次养老保障的基本理论研究与多层次养老保障的协调发展研究；多层次养老保障制度改革的动力和路径的研究；某一养老层次的研究以及对某一特定群体（弱势群体、失地农民）的针对性研究；等等。其中，关于多层次养老保险的基本理论研究较多，具体包括基本的内涵与功能分析、可行性与必要性分析、基本的框架设计等。

（1）养老保险基本理论研究

李树挺（1994）关注的重点是多层次养老保障体系的含义，认为多层次内涵涵盖国家基本社会保险、企业补充社会保险以及个人储蓄社会保险三个方面，具体指国家基本养老、企业补充、个人储蓄等保险，三个方面相互融合、互为补充。朱青（2000）则是从解决养老问题的渠道来对多层次养老保障体系进行解释，认为解决养老保险制度的渠道是多元的，政府、企业和个人都要承担责任，并从三者之间的关系进行分析，认为三种养老供给主体要相互补充，共担养老重任，从而减轻政府的财政压力。林敏铭等（1996）关注的重点是多层次养老保障制度的结构和功能，他从全球宏观角度对多层次养老保障体系进行了分析，认为现行的养老保障体系存在明显的缺陷，提出要通过强制储蓄、养老金再分配和商业保险储蓄的方式建立新的养老保险体系。丁红娟等（2009）发展了三支柱养老保障体系，提出应建立具有中国特色的五层次养老保障体系，分别是自我保障、普惠性国民养老保险、体现效率的养老保险、企业年金和社区养老保障。五层养老保险体系以供给主体为分层依据，充分发挥个人、政府、企业和社区的作用。在反思多层次养老保险体系的基础上，董克用等（2011）提出应构建以零支柱、第一支柱、第二支柱、第三支柱等多支柱为核心的养老保障体系。

（2）多层养老保险体系的协调发展研究

多层养老保险体系的运行涉及层级之间的关系问题，因此协调发展问题成为部分学者关注的重点。胡秋明（2000）对企业、国家和市场提供的三种类型的养老保险金问题进行了多角度分析，认为三者之间要实现协调发展，必须在功能上互补、在待遇水平上有所差异、在基金管理模式上有所创新。此外，政府财政要建立合理的分担机制。他认为多层次养老保险制度本质上将政府承担的部分养老责任转移给社会和个人，从而减轻了国家的负担。孙静（2005）也一直关注养老保险体系的协调问题，但是其侧重点在于供给主体之间关系的协调，认为企业年金和商业保险的发展之所以缓慢是由于养老保障中政府的越位，导致市场功能没有充分发挥。因此要明确各主体的责任，合理分担风险，通过利益共享、责任分担机制，发挥企业和个人的积极性，从而实现功能互补，发挥最大效能。

（3）关于农民的多层次养老保障研究

于威（2010）运用分析法对影响中国农村社会养老保障制度建立的因素进行定量分析。他认为中国农村的养老保障制度应该分为三个层次，分别是福利型、缴费型和救济型。福利型作为第一层应该是普惠式的，农民应该享受到经济发展的成果，国家通过财政转移支付等方式，补贴农民，也是补偿农民。缴费型作为第二层应该是选择性的。由于农民群体的分化，不同农民群体的养老需求不同，通过自愿缴费的方式吸引农民参与，提高农民的养老质量。救济型作为第三层属于救济制度，应该由地方政府承担，在原有的五保户供养制度和最低生活保障制度基础上完善。张慧（2012）通过定量方法探讨我国多层次养老保险体系中各层次的保障对象、责任主体、保障水平及保障模式等结构，对影响城乡一体化多层次养老保险体系建立的因素以及各层次关系、各层次之间的比例关系进行了分析。针对失地农民的养老保障需求，徐雯丽（2014）认为失地农民的养老保障体系与其他群体应该有所不同，认为失地农民养老保障体系中社会保险、家庭养老和商业保险三者是核心、基础和补充的关系。失地农民可能面临生存压力，因此社会养老保险作为第一层级，具有强制性，由政府或者其他土地使用者承担，是对农民生活的保障。第二层次是家庭赡养，保障对象为全体失地农民，资金来源于家庭，也具有强制性，兼具物质和精神保障功能。第三层次是商业养老保险，满足有一定经济条件农民的高层次养老需求，以个人缴费为主，自愿参与。郑功成（2019）认为多层次化是各国社会保障发展的基本取向，构建多层次社会保障体系需要统筹规划和分层分类推进，注重多层次体系结构和功能定位至关重要，应有序推动多种保险项目多层次化。林义（2001）关注的重点是中西方养老保障制度的不同。他看到了西方国家的养老保障制度改革趋向政府责任的分担，政府保障的空间减少，而企业和个人在负担养老金方面责任在加大，说明西方资本主义国家养老制度改革向私有化方向发展。中国的养老保障体系改革也有市场化倾向，但是他认为中国不能盲目地私有化，而应协调供给主体之间的关系，要根据中国传统来建立具有中国特色的养老保障体系。辛本禄等（2005）关注了养老保障制度的变迁问题，认为中国的保障制度变迁不是单一性的，而是自发性、诱致性和强制性的，是在多种因素作用下形成的符合我国国情的多层次养老保障制度，且养老需求具有多样性，要通过差异性制度安排解决养老的多元需求。

1.3.2.2　供需均衡下的农村养老保障研究

国内关于养老服务供给需求的研究较多，而且较为细致。但研究内容多有重叠，从养老需求和供给两方面来看，农村养老保障研究主要包括以下内容。

养老需求方面的研究。耿香玲（2016）对影响老年人养老需求的因素进行了全面分析，认为老年人的养老需求与年龄、区域、收入水平以及消费偏好有关。低龄老人的养老需求主要包括教育和旅游等，高龄老人则需要医疗护理；居住在城市的老人精神方面需求及高质量的享受型需求比农村老人更迫切；收入水平和消费偏好影响老人的养老需求种类。王殿玺等（2017）通过抽样调查的方法，分析了不同性别、受教育程度和职业类别老人群体的养老意愿。

养老供给方面的研究。朱德云等（2017）认为养老机构的覆盖率、养老服务的专业化水平、养老产品的种类等是影响老年人养老质量的重要因素；认为在我国农村养老保障政策变迁中，政府的养老责任经历了缺位、有限归位和基本归位三个阶段。在新时期，要健全完善政府的养老责任，促进农村养老的公平可持续发展。杜智民等（2020）则关注了农村居民养老服务的精准化问题，认为当前农村社区居家养老服务的非精准化问题较为突出，这是影响农村养老供给平衡的关键问题。

李长远等（2018）从包容性发展视角研究了农村养老服务发展的非均衡性问题，认为农村养老服务在供给过程、对象、内容和主体等方面均存在非均衡发展问题。要以需求为导向，供需精准匹配，通过构建多元协同供给模式解决供需的非均衡问题。此外，夏艳玲等（2016）研究了广西城乡养老服务的不均衡问题，从城乡养老资金支持、人才供给、专业化程度等方面分析差异化的表现。王向南等（2016）关注了农村养老的非均衡问题，认为应采取医养融合一体化供给等方法来完善供给策略，指出农村老年群体的多样化需求与供给的错位是农村养老服务供需不均衡的原因。朱雨雨（2017）关注的重点是养老金供给的不足，认为从供给侧进行改革是建立供需均衡的养老保障的关键。唐健等（2020）基于福利多元理论认为厘清社会化养老主体责任，解决主体责任的模糊问题需要不断界定主体间边界，重新配置各类资源，从模糊失衡到多元均衡逐步建立供给主体多元、均衡参与、职责明确、有效合作的农村社会化养老服务体系，最终实现新时代农村社会保障权责更加合理配置、发展更加可持续。

1.3.2.3 乡村振兴背景下的农村养老保障研究

目前，乡村振兴背景下的农村养老保障研究内容虽较为分散，但仍有一定的研究成果。部分学者看到了乡村振兴战略为农村养老保险制度带来的机遇和挑战。杜鹏和王永梅（2019）认为：“乡村振兴计划为建立和完善中国农村养老服务体系提供了重要机遇。”乡村振兴战略明确提出要建立多层次的养老服务体系，这一养老模式“以居家为基础、社区为依托、机构为补充”。乡村振兴战略通过城市支援农村、工业反哺农业，将为农村带来大量的资金、资源和人才。外部资源的投入对于促进农村养老保障的发展具有重要意义。同时，乡村振兴能够激活村庄内部的养老资源，激发各类主体的养老活力。另外还指出，乡村振兴下农村养老保障面临着一系列挑战。更多的学者通过研究乡村振兴背景下农村养老保障面临的问题，提出了针对性建议。孙翠（2019）认为，乡村振兴背景下，我国农村养老保险服务依旧存在供需不均衡、供给不足、结构不合理等问题，完善农村养老服务体系至关重要。朱国龙和金淑彬（2018）认为，我国农村养老保险在经历了四个阶段的发展后，已经相对稳定，但乡村振兴背景下，随着农村老年群体数量的扩大，面临的风险加大，对精神慰藉以及生活照料的需求将持续增长。此外，还有部分学者以某一区域的农村养老保障为案例，对乡村振兴背景下农村养老保障存在的问题、产生的原因以及发展方向进行了研究。这些研究都以乡村振兴为变量，来探讨其对农村养老保障制度发展的影响，具有一定的启示性，是本书的研究基础。此外，苗建萍（2019）对乡村振兴背景下农村医养融合的养老服务进行了研究，认为乡村振兴背景下，农民的医养双重需求比重加大，是养老服务体系建设的重要内容，要发挥政府的引导作用，构建医养一体化体系。

1.3.3 对现有研究的评析

通过梳理上述养老保障研究，发现现有研究存在以下不足：一是关于农村养老保障供需均衡的研究不深入，关于农村养老保障供求关系的研究较少，且理论性不足。二是针对农村养老保障的多层次研究缺乏系统性，甚至存在滞后性。现有的多层次养老保障研究，主要是从社会保障角度进行宏观理论分析。农村社会阶层分化下，缺乏农村老人的多样化需求研究，没有进行多层次保障体系的专门研究。三是国内关于乡村振兴战略对农村养老保障影响的研究较为分散，理论性不强，如乡村振兴背景下的农村养老保障研究主要集中于现阶段农村养老保障存在的问题，且研究不够深入，没有切实从乡村振兴视角分析这一战略为农村养老保障带来的变化。现有的关于农村养老供给主体的研究，虽然基于城乡一体化视角，但关注的是城乡养老统筹的必要性与途径，政府在城乡一体化中的责任是研究重点，研究更多集中在宏观层面，政府作为养老主体是研究者关注的重点。随着多层次养老体系的形成，对其他主体的研究明显不足。因此，需进一步探讨政府在多层次农村养老保障中的责任变化，对多元主体的作用和功能进行系统研究。另外，国外理论研究多以单一的西方经济学和社会保障学理论为工具，用来解释社会主义国家的农村养老问题，显得较为乏力。乡村振兴背景下城乡统一是符合中国国情发展趋势的，是不可阻挡的，实际为理论发展提供了契机，但针对这一战略的相关理论研究还较少。现有的研究表明，社会养老保障制度的建立和发展，不仅要汲取其他国家的先进经验，更重要的是要结合本国的国情和社会发展特点，构建具有中国特色的农村养老保障制度。

1.4 研究目标与研究内容

1.4.1 研究目标

本书基于人口老龄化趋势和乡村振兴大背景，聚焦农村养老保障问题，从供给与需求视角，探究农村养老保障供需均衡逻辑，构建农村多层次均衡养老保障体系，以期为农村养老服务提供更为契合的支撑保障。

具体来看，一方面，在回顾梳理中国养老保障制度的历程变迁基础上，从总体上把握中国农村养老保障的现状和未来发展趋势。另一方面，从养老保障供给、需求及供需均衡逻辑角度阐述农村养老保障，深入地论证县域层面农村养老保障问题，并据此提出构建农村多层次均衡养老保障体系，为解决农村养老保障问题提供理论指导。

1.4.2 研究内容

透过历史脉络探究中国农村养老保障的现状与趋势，具体包括四个方面：一是通过回顾家庭代际交换、集体所有制供养、政府责任缺失、多元主体共同参与、城乡一体化等中国养老保障制度的变迁历程，基于历史维度把握中国养老保障制度供给的历史变迁；二是探讨传统养老保障存在的危机、家庭养老向社会养老转变及城乡养老投入不平衡等新时期中国养老保障的基本特征概况；三是从供给主体、供给内容、供给对象、供给标准等方面分析城乡二元结构下的中国农村养老保障供需失衡表现；四是基于城乡融合和乡村振兴背景，把握农村养老保障的变革发展趋势。

首先，探究中国农村养老保障需求。从类型化、多层化、根源性维度，具体呈现了 W 县农村养老保障需求的基本样态、需求变革的方向趋势、需求发展的影响因素。其次，探究中国农村养老保障供给。从多元化、多层化、多样性、价值性维度，对 W 县农村养老保障供给主体的合作与互动、农村养老保障供给对象的分类与管理、农村养老保障供给内容的兼顾与均衡、农村养老供给模式的样态与效度等展开论述。最后，从供需结合层面，把握供需均衡逻辑下农村养老保障的供需互动，阐述了 W 县农村养老保障供需的基本表征、核心要素和动态均衡。

多层次农村养老保障体系的框架主要从四个方面阐述：一是构建农村养老保障体系的基本原则；二是构建农村养老保障体系的基本层级；三是构建均衡农村养老保障体系的创新机制；四是完善多层次农村养老保障体系的具体措施。

1.5 概念界定与分析框架

1.5.1 概念界定

养老保障。养老指围绕老年人生活，提供经济支持和生活照料。伴随社会发展，养老内涵日益丰富，从家庭内部养老延伸为社会保障层面。学界对养老保障的界定各有差异，如杨翠迎（2015）认为，养老保障（Old-age Security）全称是“社会养老保障”（Social Security for the Aged）。总体上养老保障被称作社会养老保障。本书所指的养老保障是指围绕农村老人所提供的日常经济和生活照料的统称，既遵循已有研究的概念界定，保持概念界定的一致性，又强调养老保障综合性内涵，即农村养老保障或者农村社会养老保障，可统称为养老保障。

农村多层次养老保障。伴随养老保障社会化和多支柱养老保障资金来源多元化，中国多层次养老保障是在借鉴西方多支柱养老保障基础上转化而来，即个人行动——储蓄、群体行动——家庭转移支付与集体行动——公共社会保障的多样结合。朱青认为构建多层次养老保障制度就是解决养老问题不能局限于一种方式、一个主体、一个渠道。政府不是养老保障的唯一主体，企业和个人也要承担责任，各部分要协调发展，要处理好三者之间的关系。本书认为多层次养老保障是由政府、企业和个人等多方主体组成，农村多层次养老保障是建立在国家多支柱养老保障实践基础上的，从供给、需求和供需均衡逻辑的视角出发，经由政府、社会和个人等不同主体的相互作用，适应现阶段我国农村地区发展需要的多层次养老保障体系模式。

供需均衡。均衡是物理学概念，是指不同力量之间形成的一种均衡状态。这种均衡可能是静态的均衡，也可能是不同力量相互作用而处于的一种动态稳定；可能是全局性均衡，也可能是局部均衡。经济学家将均衡理论引入经济领域后对市场均衡状态进行了深入研究，很好地解释了市场上商品的供需关系。一般均衡理论认为均衡是供给和需求在数量上保持均等，不会出现数量上的缺口，但这是理想状态下的均衡理论，现实中市场上的商品在供需上并不能够达到绝对相等。马歇尔的均衡理论弥补了这一缺陷，他认为全局性均衡可能难以实现，但局部均衡是能够实现的。即供求相等是供需均衡的主要标志，供需均衡并不一定是全局的均衡，产品或要素市场供需局部的相等，也实现了均衡。

整体上看，由于市场变动具有即时性，均衡只是一种相对状态。经济学家所说的供需均衡难以判断，在供需两方面力量的影响下，呈现出不均衡—均衡—不均衡的循环过程，由此，供需失衡是一种常态。对于私人产品来说，为了使供需达到均衡，需要市场和行政等力量进行调节，而且以市场调节为主。但对于养老保障等公共产品和准公共产品来说，出现失衡难以自主调节的情况，将对国民经济，甚至公民的基本保障权产生严重影响。因此，本书认为均衡是个相对概念，政府需要加强调节，使产品供需之间达到动态的均衡。

1.5.2 分析框架

本书分析框架见图 1-1。

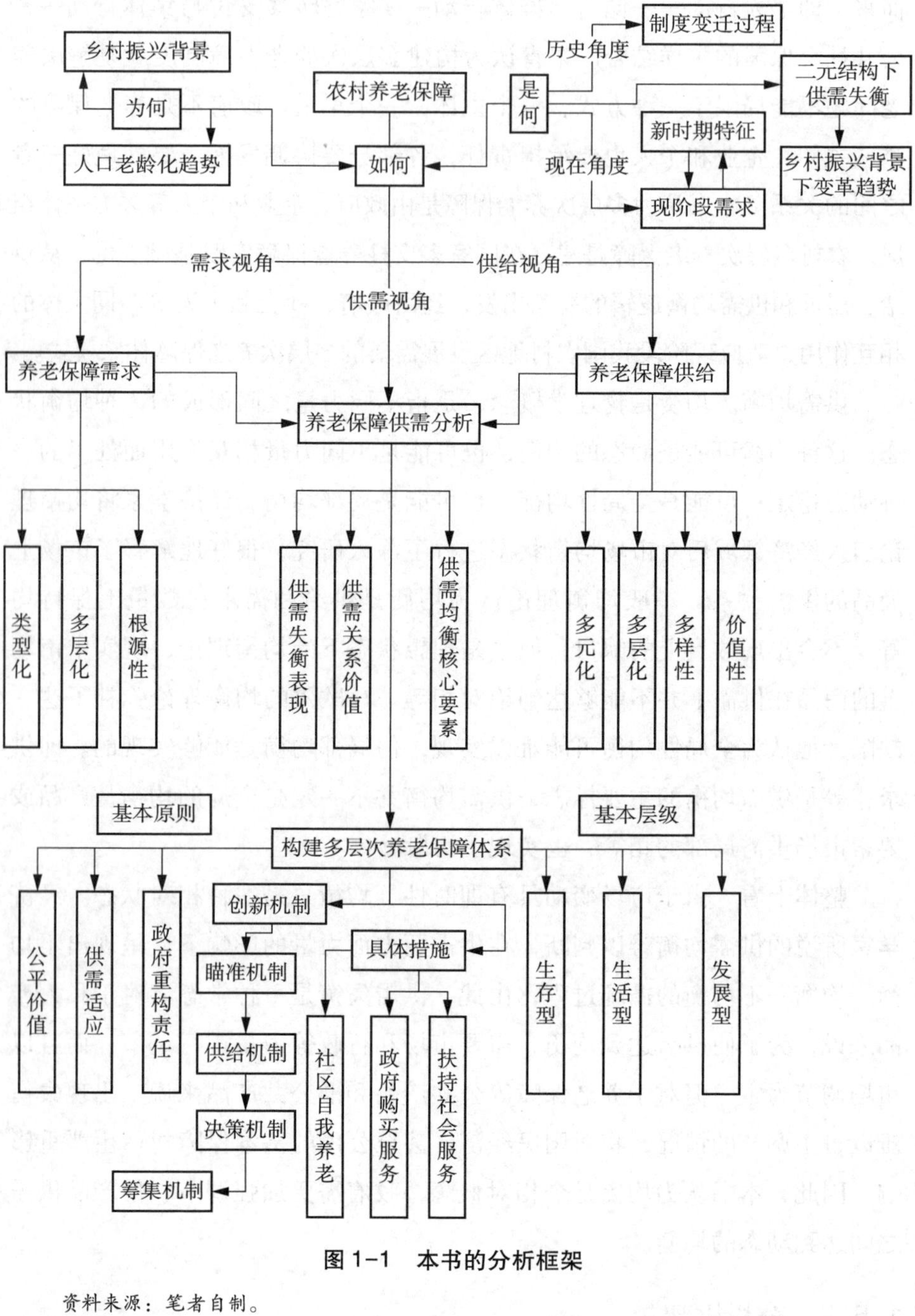

图 1-1　本书的分析框架

资料来源：笔者自制。

1.6 研究方法与田野介绍

1.6.1 研究方法

案例分析法。选择典型区域河南省W县，进行县、乡镇和村级层面的访谈和调研，以参与观察法搜集农村养老保障典型案例等原始资料。观察法主要观察当前村庄的整体发展水平、村庄基础设施和公共服务供给情况、不同农村老人群体的需求等。

个案访谈法。对所选案例地区乡村振兴中农村养老保障典型个案的创新情况进行跟踪，分析政策的有效性和可持续性。进行深度访谈收集一手资料，访谈对象包括县级执行各项养老政策的相关部门和负责人、乡镇负责人、村级负责人、驻村干部、老人群体代表等，具体以知情人访谈和典型案例访谈等方法，从政府、村干部、老人群体等不同角度考察政策的实践逻辑以及面临的问题。举办座谈会，对当前我国养老保障政策出现的问题及优化建议、改进措施进行讨论研究，进而完善研究结果。

1.6.2 田野介绍

W县位于豫西北，总面积805平方千米，辖14个乡镇，总人口约75万人，是河南省面积最大、人口最多的市辖县。这里历史悠久、资源丰富、交通便利，经济发展强劲，统揽近十年经济指标，全县生产总值稳步提升，一般预算收入显著增长，城乡居民人均可支配收入逐年增长（见表1-1）。各类经济指标均居所在市前列。

尤其是2020年以来，该县针对贫困兜底户脱贫难、返贫易问题，县委、县政府按照“党委领导、政府主抓、扶贫牵头、社会参与，因户施策、不漏一人”的原则，在落实集中医养政策的基础上，探索出“五养”[①] 模式，使就业创业、公益培训、贷款发展等各类政策不断惠及托养协议家庭，从而在全社会形成了助老、爱老、养老的新风尚，成绩显著。

---

① “五养”：集中医养、亲情托养、邻里托养、慈善托养、包帮托养。

截至2020年年底，该县共建立约170处社会化养老服务设施，包括12处乡镇街道敬老院，4处民营养老机构（W县养老中心、怡园养老院、心连心养老中心、木城养老院）和150多所农村慈善幸福院，共提供养老床位4450张，入住老人4175人，入住率达93. 82%。之所以选取W县作为案例，一方面是因为该县在农村养老保障方面进行了实际有益的路径探索，尤其提出的“五养”模式基于分类、精准理念，对于农村养老保障的供需问题进行了深入研究。另一方面在于该县脱贫攻坚工作做得扎实，在精准脱贫基础上，全面推进乡村振兴战略，与农村养老保障结合得较为紧密，为本书阐述农村养老保障供给与需求提供了良好背景资料。

表1-1 W县县域经济发展情况一览表（2010—2019年）

指标		2010年	2011年	2012年	2013年	2014年	2015年	2016年	2017年	2018年	2019年
全县生产总值	金额（亿元）	180	226	220. 3	249. 8	280	294. 4	312. 6	358. 6	363. 5	463. 3
	增长率（%）	14	14. 9	12. 9	11. 7	9. 5	10. 2	10. 3	8. 3	7. 3	8. 6
一般预算收入	金额（亿元）	5. 6	6. 37	7. 2	8. 5	9. 68	10	11. 9	12. 65	14. 1	15. 9
	增长率（%）	13. 8	15. 8	14. 1	18	13. 8	10. 7	13. 6	9. 1	9	9. 2
城镇居民人均可支配收入	金额（元）	14676	17265	19331	21661	23169	25300	26153	28622	29511	32950
	增长率（%）	9	16. 3	12	12. 1	9. 4	9. 2	9. 6	9. 4	8. 5	8. 9
农民人均纯收入	金额（元）	7066	8947	10155	11409	12567	14037	14953	16306	17017	17999
	增长率（%）	7	14. 7	13. 5	12. 4	10. 2	11. 7	10. 5	9	9. 2	9. 9

资料来源：笔者根据W县历年政府工作报告数据自制。

第2章

中国农村养老保障的现状与趋势

尽管我国农村养老保障事业取得了巨大成就，但由于农村养老保障起步较晚，农村经济社会发展相对滞后，现阶段，农村医疗基础设施、医护人员配备、医疗条件保障等与城市相比还有较大差距，城乡不平衡问题依然突出。本章从宏观上梳理中国农村养老保障制度变迁历程、规律，全面总结了制度特征及影响要素，并对未来变迁趋势进行了预测。

2.1 中国农村养老保障制度变迁

中国农村养老保障制度变迁与中国的现代化进程紧密相关，作为后发现代化国家，城乡二元结构导致了农村养老保障制度滞后，农村养老保障待遇较低。伴随着国家建设发展，农村养老逐渐从依靠家庭和集体向政府主导、家庭和社会共同参与转变，而从农村养老保障的供给主体可以清晰深刻地看到中国农村养老保障制度未来的发展方向。

2.1.1 传统养老制度：以家庭代际交换为主

中国传统农村具有两大特征：一是自然经济为基础；二是儒家文化为主导。中国传统农村养老制度的供给模式是以家庭为主，国家和社会为辅，且长久稳定。传统中国的自然经济是以家庭经营为主的家户经营模式，土地是家庭重要的生产资料，绝大部分家庭主要依靠土地收入，农业耕作不仅需要体力，而且需要经验的积累。在生产力水平低下、信息较为封闭的传统农业社会，农业的再生产主要依靠家庭劳动力，劳动者体力的下降需要代际交换保持农业生产持续进行。同时，农业生产技术和经验的代际交换也在家庭内部完成。因此，家庭内部体力和智力的代际交换是小农经济能够持续进行的根本。在自然经济条件下，家庭是农业产品消费的基本单位，且多以实物消费为主。家庭内部生产和消费的统一性决定了传统农业社会的养老多在家庭内部进行。传统家庭形成了“养儿防老”“多子多福”的观念，通过劳动力的再生产为家庭养老提供保障。传统自然经济条件下，社会化大分工还未形成，新生劳动力主要依靠老人传授的农业生产经验谋生，老人的权威性为传统家庭的养老提供了稳定保障。

小农经济是脆弱的，面临着不可预知的自然风险和社会风险。因此，在传统农业社会家庭养老的风险一直存在，而家庭之外的宗族组织为家庭养老提供了必要的辅助。族是家的扩大，也是传统社会最为常见的血缘和地缘性社会组织。因此，宗族内部形成了多种互助性养老保障方式。宗法社会整体呈现家国一体的特征，因为内在观念的驱使，家庭成员更多遵从孝文化，家族内各个小家庭需要家庭间财产共享、家庭互助，共同抵御风险，家庭成为基本的养老单元（文丰安，2021）。宗族内部有专门的公产或义仓为鳏寡孤独老人提供养老保障。宋代的义庄是最为典型的宗族养老机构，义庄多由族长乡贤等老人发起。宗族内部具有一定经济实力和威望的领袖，通过捐献田产、房屋和财金等，引导族人自愿参与。在广东等地的调研中发现，部分宗族用于助学、救困、养老的公产经过多年积累，数量庞大，很好地发挥了互助养老作用。

从传统农业社会的国家来看，“家国同构”主要是血缘和政治的融合，以宗法关系为基础，儒家文化中的尊老、敬老思想是历代王朝都大力宣扬的，这是成本最低的养老服务。除此之外，国家通过建立少量的养济院、免除高龄老人徭役等方式承担极其有限的养老责任。这一方面是由于传统国家与农村社会之间的联系仅限于税收、征兵等具体事务，基层公共产品几乎全部由家族承担。另一方面根本在于传统国家税收有限，难以承担现代国家应该承担的公共服务责任。新中国成立之后至人民公社制度建立之前，家庭为主要供给主体的传统养老占据主导地位。

2.1.2 公社供养制度：立足集体所有制基础

从家庭的角度来看，土地改革之后到人民公社解体，家庭养老保障呈现先增强后弱化，再回归的演变过程。1949 年前后土地改革完成，农民得以获取土地生产资料，有力促进了农村发展，提高了农民积极性，大多数家庭的养老保障功能得以增强。相比旧中国，新中国经过农村社会改造，三亿多农民重新拥有土地，为其提供了养老基本保障条件（邓俊丽，2016）。相关数据显示，新中国成立后的三年时间，粮食产量提高了近 60%，农民的购买力增加了 70%（张琦等，1994）。家庭收入的增加使很多家庭有了积累，为家庭养老提供了物质和经济保障。

从集体的角度来看，1956 年 6 月，全国人大通过《高级农业生产合作社示范章程》对特殊群体社会保障做了具体规定，该章程是有关农村的一项重要集体福利制度。主要从吃、穿、住、医、葬五个方面对特殊社员进行保障，后来发展成为农村“五保”制度，成为中国农村养老保障制度的重要形式。[①] 由于公社内部实行平均主义的分配政策，个人依附于集体，家庭的独立经济地位丧失，家庭的养老功能弱化。这种计划经济下平均主义供给政策，没有对农村老人进行具体分类，且受“一大二公”思想的影响。在集体经济十分薄弱的情况下，由于对“五保户”的供养实行免费，甚至按需分配的政策，集体供给严重超过集体自身的承受能力，最终很多集体举办的敬老院停办，老年人生活质量下降。

从国家的角度来看，该时期国家主要通过提供制度支持来保障农民的养老权益。1949 年之后，新生的国家政权开始建立社会主义制度体系，农村养老保障逐步纳入社会主义法律制度框架，为保障农民的养老权益、完善农村养老保障制度提供了法律支持。国家先后出台《中国人民政治协商会议共同纲领》《中华人民共和国宪法》以及《中华人民共和国劳动保险条例》等，对公民的养老保障权益进行了明确规定。同时，在集体供养制度形成之前，各地政府依据本地情况，针对农村特殊群体采取不同措施进

---

① 根据 1956 年 6 月，全国人大通过的《高级农业生产合作社示范章程》内容整理。

行救助和提供养老保障。如发放救济款、减免农业税、对革命烈士家属进行优抚安置等。因此，这一时期，虽然农村养老保险制度并未建立，但是国家通过临时性的政策和措施，对解决农村特殊人群养老问题起到了很大作用。

2.1.3 养老保险制度：政府财政责任缺失

人民公社解体之后，集体经济薄弱。虽然中央仍然要求地方在家庭联产承包责任制推行之后通过集体经济保留一定的村提留等其他收入用来延续“五保”供养模式，但由于各地经济发展状况不一，采取的养老模式差别很大，如部分地区集体经济较好，在“五保”供养基础上，采取三级社区统一管理、以支定收等模式，但多数以失败告终（邓大松等，2000）。从整体上看，大多数集体经济匮乏的农村难以继续为老人提供更高质量的养老保障。改革开放之后，市场经济逐步兴起，农民收入来源多样化，货币收入逐渐成为家庭收入的主要组成部分，家庭这一传统的农村养老模式重新占据主导位置。但由于人口增长过快，国家实行了计划生育政策，随着“打工潮”的兴起，农业生产社会化使得家庭老人的地位逐步下降，以体力和智力为核心的传统代际交换养老模式遭遇挑战。

国家作为养老保障的主要承担者，在改革开放之后不断探索中国特色的社会养老保障制度。在1986年国民经济和社会发展“七五”计划中，首次提出了“社会保障”这一概念，并为中国养老保障制度的改革指明了方向。民政部发布报告①明确了如何建立农村社会保障体系并形成了初步设想，包括农村社会保障体系建立的必要性、制度框架、资金来源以及对家庭社会保障的作用等。1992年，民政部在总结山东试点经验基础上，颁发了基本方案②，由点到线，由线到面逐步开始试点和推广。该制度坚持以个人缴纳为主，集体补助为补充，政策层面提供支持为基本原则，来筹措养老金；成立农村社会保险司，隶属于民政部；社会保险司下设农村社

① 1986年12月24日，民政部发布《关于探索建立农村基层社会保障制度的报告》。

② 全称为《县级农村社会养老保险基本方案（试行）》。

会养老保险管理服务中心等专门机构对养老金账户进行管理。民政部与劳动部、财政部、国家体制改革委员会等部门联合下发了《关于农村社会养老保险试点有关编制问题的通知》《农村社会养老保险基金使用问题的通知》《农村社会养老保险管理服务费提取使用办法》等，为农村养老保险制度的推行提供了政策支持。“旧农保”① 作为最早由国家相关部门推行的覆盖全面的农村养老保障制度成效一般，原因可归结为以下四点：一是政府责任缺失；二是保障水平偏低；三是农村养老基金保值增值难；四是政策制度滞后带来的资金管理混乱（徐文芳，2010）。

2.1.4 新型养老制度：多元主体共同参与

2008 年 10 月，中共中央发布《中共中央关于推进农村改革发展若干重大问题的决定》，正式提出建立“新型农村社会养老保险”，简称为“新农保”。次年国务院发布《关于开展新型农村社会养老保险试点的指导意见》。该制度坚持两个基本原则：一是“广覆盖、保基本、多层次、可持续”；二是采取“个人缴费、集体补助、政府补贴相结合”的基本模式。第一次提出了要建立多层次可持续的农村养老保险制度，同时强调了政府、社会和个人（家庭）多主体之间的责任分担。尤其是在政府责任方面，提出养老金由社会统筹和个人账户两部分构成，其中基础养老金由国家财政全额负担，基础养老金与经济发展、物价变动相挂钩，说明我国开始实行普惠式农村养老保障模式，尽管这一保障层次较低。因此，“新农保”也被称作是继取消农业税、对农民进行农业补贴等政策后又一重大惠农政策。这一制度对于改善城乡老人收入不平等、促进城乡公平具有重要意义。2009 年我国城乡老年人的收入差距大致为 4.7 倍，农民的养老保障严重滞后，加剧了城乡之间的分化。特定时期资源受约束，侧重于城市社会发展的整体稳定，会忽略农村农民的社会保障供给（陈旭东等，2019）。“新农保”制度施行于国家全面取消农业税后，也是工业反哺农业、城市

① 学界将 1992 年由民政部推行的《县级农村社会养老保险基本方案（试行）》称为“旧农保”。

支援农村的时期，“新农保”强调政府责任，政府通过调控来弥补城乡之间发展的不平衡。21世纪，人口老龄化加剧、生产方式的转变、家庭结构的变化、人口的快速增长等因素使得农村养老问题日益严峻。只有改变传统的以家庭为主导的养老模式，积极发挥政府、社会和家庭的协同作用才能有效解决农村养老保障问题。“新农保”的实施，凸显了社会公平价值，形塑了劳动力市场，体现了政府责任的归位（陈旭东等，2019）。

尽管“新农保”制度在实践中仍存在一定的问题，如缺乏具体的法律保障、管理机制不健全、资金保值增值等问题依然没有得到有效解决，但从十多年的经验来看，该制度是建立在国家经济实力增强之后、城市反哺农村的时代背景下，综合考虑城乡二元差异及不同地区经济社会发展的状况，具备一定前瞻性，具体表现为：一是为制度框架与城镇职工养老保险制度的衔接奠定了基础，为加快统筹城乡社会保障制度创造了条件（徐文芳，2010）；二是“个人缴费+集体补助+政府补贴”的三方共筹模式，将我国传统农业社会的家庭养老、集体互助和现代国家的公共服务职能相结合，充分发挥各方优势，为进一步建立更高水平的城乡居民养老保障体系创造了条件。

2.1.5 农村养老保障制度：城乡一体化趋势明显

2012年以来，随着农村劳动力不断向城市转移，我国城镇化率不断提高。进入城市工作的农民工，与城镇居民和企事业单位职工在养老待遇上存在较大差距，如何使农民工平等享有社会保障权成为促进社会公平的重要问题。一方面，农民工进城落户之后，农村养老与城镇养老及职工养老三者衔接问题颇为迫切；另一方面，从全社会范围来看，我国城乡居民养老保险地区差异显著，统筹层次不高，亟待政府出台新的政策来规范和统筹养老金的使用。针对以上两个问题，为加快并轨城乡一体化进程中的养老政策，《关于建立统一的城乡居民基本养老保险制度的意见》于2014年初正式颁布，标志着中国城乡养老保障体系一体化进程的加快。尽管中国农村的养老保障水平仍旧低下，但与城市居民养老保障在管理体制、筹资机制和养老金待遇上已没有根本性区别，拉开了中国城乡养老体制并轨的序幕。

相比较“新农保”改革，城乡居民基本养老保险制度的实行具有实质性意义，最大的意义在于城乡居民公平享有基本养老保障，为进一步推动城乡融合打下了基础。在保险金的筹集方式、待遇支付上城乡同等化，且统筹层次不断提高，促进了城乡人才流动，真正体现了“建立更加公平可持续的社会保障制度”。城乡居民基本养老保险制度推行以来，在城市经济发展的带动下，国家对基本养老金账户的补贴逐年增加，农村居民的养老保障水平不断提高。但农村养老保障制度依然存在较多问题：一是相对于城市来说，农村居民的收入有限，农村居民往往选择最低缴费档次。养老保险金对大多数农村居民来说只是一个补充，更多还要依靠子女供养、土地养老等。二是城乡居民基本养老保险只是农村养老保障的组成部分。农村养老保障还包括养老救助和养老福利等方面。随着生活水平的提高和生活条件的改善，农民的养老需求逐渐多样化，不同区域、不同人群的需求不同，因此，相对于城市，农村地区养老保障更具有特殊性。

通过对中国农村养老保障制度变迁的梳理，农民的养老保障供给主体按家庭—集体—国家顺利演变，这与传统国家向现代国家转变是紧密相关的；现代国家在提供养老服务的同时力图尝试通过缩小城乡差距促进养老保障的公平。同时，我们应该看到，伴随市场经济的发展，不同区域群体之间的养老需求差异化越来越明显。乡村振兴背景下，城乡之间的差距将进一步缩小，在这一过程中，如何通过外部资源的输入进一步满足农村养老保障需求的多样化，是较长一段时期需要面对的紧迫问题。

2.2 中国农村养老保障的特征

2.2.1 中国农村养老保障的基本特征

2.2.1.1 相比城市水平低、能力弱

传统中国农村是自给自足的自然经济，养老主要依靠代际的反哺。家庭为老人提供了物质保障和精神寄托。几千年来，依靠家庭养老的观念根

深蒂固，对于很多老人来说，家就是自己的根，不愿意冒进养老院病死在外的风险。作为最古老、最重要、最富有生命力的养老方式，家庭对于农民来说是首要的养老场所（穆光宗，2000）。现阶段，家庭养老也被国家法律认可，是每个公民必须承担的责任和义务。但由于城乡之间经济的差异以及养老服务设施之间的不平衡，农村家庭养老的水平相对较低。但家庭养老仍是当前重要的农村居民养老方式。在城镇化进程中，家庭人口结构的变化、年轻人外出务工等因素使得农村居民家庭养老供给能力减弱。

整体上看，由于农村人口老龄化进程的加快、农村户均规模的缩小，农村家庭类型多元化等因素的影响，家庭养老遭受了前所未有的挑战，主要表现在以下三个方面：一是老龄人口不断增加，农村养老服务供给能力不足。家庭老龄成员高龄化，老年人口数量整体增加，养老需求多元化，年轻人的养老负担加重。家庭能够提供的养老资源有限，家庭提供养老供给的能力不足。二是家庭结构的变化使得家庭养老功能弱化。“4—2—1”式家庭结构不仅在城市，在农村也是主要的家庭结构形式。加之，城镇化进程中，年轻人大部分选择外出打工，留在父母身边的子女减少，甚至很多家庭只有留守老人。三是代际关系变化导致年轻人的养老观念转变。现代社会中，年轻人谋生能力增强，经济收入提高，经济能力提升使得代际关系平等化，年青一代的养老观念发生了很大变化，农村养老水平难以持续提升。

此外，农村养老服务设施建设的滞后性制约了农村家庭养老水平的提升：一是城乡养老设施覆盖率差距明显，农村养老机构和养老设施的覆盖率远低于城市。据有关统计数据，城市社区养老院覆盖率高于农村 10 个百分点，老年活动室覆盖率高于农村 40 个百分点；城市老人照料中心是农村的近五倍（杜鹏等，2016）。社区照料中心与养老院作为主要场所，仍是农村养老保障供给短板环节。二是从医疗服务硬件设施看，农村卫生室虽然覆盖比例高，但是远远不能满足基本需求，专业医生普遍紧缺。三是精神层面需求城乡地区存在差异。

2.2.1.2 渐进式社会化养老

基于上述论述，影响农村家庭养老模式的根本因素是养老资源不足。尽管在较长一段时期内，家庭养老依然是最重要的养老模式。但我们看到，在户籍制度、农村土地产权改革、人口数量等因素的影响下，中国农村已经呈现出家庭、国家和社会等多元主体共同供给的养老模式。农村养老保障向国家化和社会化方向发展。为公民提供养老服务是现代国家的基本职能，从经济社会发展角度来看，国家必须承担农民的养老责任。“社会化养老”即在家庭养老功能逐渐弱化的情况下，在政府的引导下，企业、社会组织、非营利性组织为老人提供养老服务。中国农村养老的社会化开始于20世纪80年代，是与改革开放同步的，但社会化养老是随着家庭养老功能弱化才逐渐成为重要的养老模式。

从中国现代化的进程来看，中国现代化必然是政治经济文化社会全面的现代化，必然是城市和农村的现代化。解决农民的养老问题是实现农村现代化必须解决的问题。从社会主义国家的性质来看，先富带动后富，逐渐达到共同富裕。中国的工业化进程中，农村、农业和农民做出了重大贡献，实现城市“反哺”农村，符合经济发展规律。

2.2.1.3 城乡投入不平衡

我国城市与农村的养老保障水平差距较大。在多数地区，城市与农村的养老保障，不仅管理体制不同，而且养老保障的内容、供给水平也不同，尤其是待遇水平相差悬殊。农村养老保障制度是与农村户籍紧密相关，城乡之间，户籍依然是决定养老保障的根本因素。农村税费改革、农业税取消后，城乡一体化进程加快，2014年农村养老保障制度与城市居民养老保障制度合并。

但从目前情况来看，城乡“二元”结构没有发生根本改变，城乡养老保障服务仍然由不同的平台提供。城乡养老保障服务的组织部门、供给模式、设施建设情况等各不相同，城乡间的财政支持能力存在较大差距，基础设施配备、组织方式等也存在明显差异。当前，农民与城镇居民虽然享有相同的养老保障权利，但实际获得的养老保障资源、享受的养老保障服务仍然存在较大差距，养老保障的城乡不平衡问题依然存在。以城乡机构养老发展状况为例，据《中国民政统计年鉴》（2020）的数据，可以看出2010—2019 年中国城乡养老机构数量和床位数变化情况。

2010—2019 年，中国农村养老机构的总量虽超过了城市。但 2013 年以来，农村的养老基础设施、养老机构和床位总数呈断崖式下降。2012 年是中国农村养老机构数量最多的年份，达到了 32787 家，2019 年下降了51%，减少到 15932 家。床位数减少了 40%，从 272. 8 万张减少到 164. 5万张。相反，城市养老机构和床位的数量快速增加，从图 2-1 可以看出，2010 年城市养老机构为 8432 家，2019 年达到了 18437 家，增长了 119%。床位数增长了 2 倍，达到了 274. 3 万张。2015 年城市床位数超过农村，2018 年城市养老机构超过农村。充分说明养老投资倾向于城市的状况没有发生根本性变化。

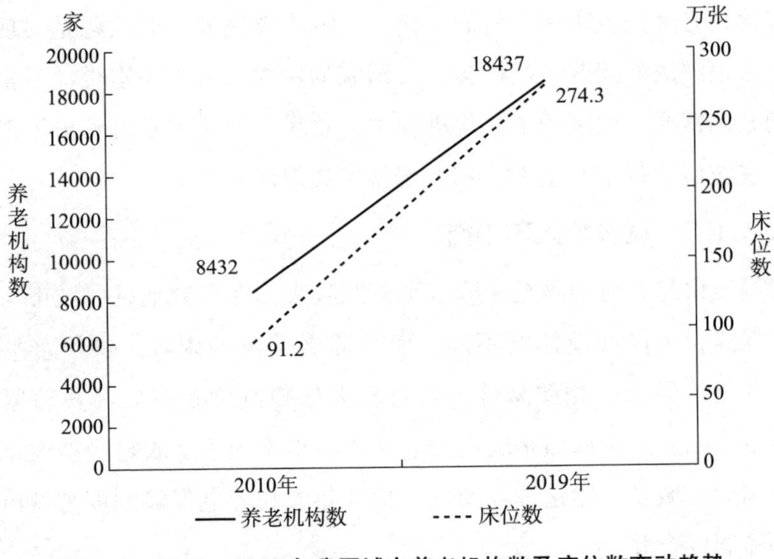

图 2-1　2010—2019 年我国城市养老机构数及床位数变动趋势

资料来源：笔者根据《中国民政统计年鉴》（2020）资料整理。

2. 2. 1. 4　精准化程度较低

根据农村养老供给服务的发展规律，在农村养老供给服务主体向国家化和社会化转变之后，政府作为农村养老产品的提供者、社会化养老的主导者，发挥着重要作用。政府在养老中的责任是决定农村养老水平的重要因素。政府只有精准掌握农民的养老需求，根据市场变化进行精准施策，则各市场主体的功能才能得到有效发挥。但从当前实施情况来看，政府在农村养老保障中缺位、越位状况依然严重。尤其是个别地方政府将农村养老保障作为政绩工程时，常常过多干预，导致市场和社会参与不足，养老水平难以提升。各地在进行农村养老保障制度改革中，地方政府会结合中央的政策要求，出台地方性的政策文件。如W县在促进农村养老机构发展中，对于民营养老机构的发展给予了用地、税收、管理上的优惠政策。但在很多地区，政府对养老机构的发展管理较为混乱，限制性内容多、服务性内容少。当需要政府介入时，由于政府没有依据农村的实际进行调研，获得精准需求，导致政府缺位。此外，由于农村社会发展中变化较快，中央制定的相关政策措施以宏观性指导为主，需要地方根据本地实际，进一步转化为可操作性文件。但由于农村老人养老类型多样化、需求的多元化，对于不同群体老人养老需求管理精细化程度不足。每一个群体都有自身的特点，要分析其养老需求到底如何，政府如何进行有针对性的养老供给，需要进一步提升政府职能，恰当履职。此外，政府主体与企业主体、社会主体等如何有效协调，如何引导农村养老服务市场化等，都需要政府精准定位。

2.2.2 中国农村养老保障的需求分析

2.2.2.1 “多维”影响要素分析

养老保障需求的影响要素是多元复杂的，但亦有大体规律可以遵循，不同研究者从不同角度进行探析。概而言之，可从年龄、婚姻、受教育程度、经济状况、子女数量等多重维度加以诠释（见图2-2）。因为养老保障需求不是单一的，多种要素交织在一起，并且特定时期还会有特定需求，通过对多维要素进行分析，能够更精准地把握养老保障需求现状。

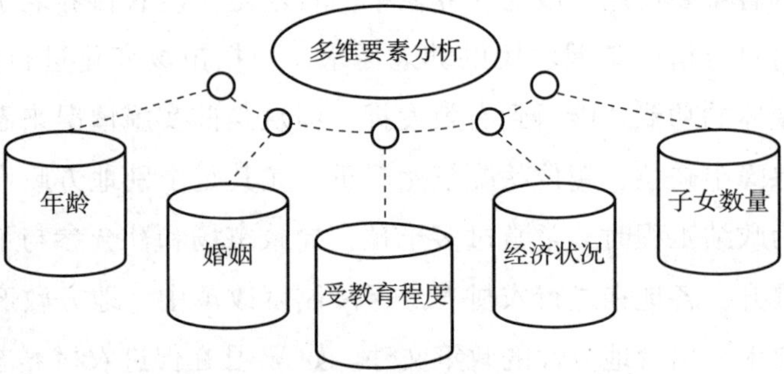

图 2-2　多维要素分析

资料来源：笔者自制。

首先，农村居民需要的养老服务主要是生活照顾和精神慰藉。很明显，年龄越大者对两种养老服务的需求就越高，政府在制定养老政策时，要充分考虑年龄对农村老年人养老需求的影响。从婚姻状况来看，农村老人如果是夫妻双方共同生活，养老能力较强；居住条件较好，社会化养老需求不强烈；身体条件较好，对生活照料型养老的需求相对较少；子女数量与两种养老需求负相关。因此，农村老人的生活照料需求和精神慰藉需求与年龄正相关，与其他因素负相关。

其次，医疗保障类养老服务是当前农村老人需求较大的养老服务，尤其是随着医养结合理念的提出，农村老人的养老需求不断提高。对于高龄老人和失能老人来说，他们身体状况较差，对医疗保健类服务的需求较大。因此，在提供养老服务时，要根据农村老人的身体状况，提供更加周到的医疗服务。

再次，影响休闲类养老需求的因素包括年龄、身体状况、受教育程度和经济状况。一般来说，低龄、身体状况较好、受教育程度较高、经济条件较好的老人对休闲服务类需求较大。部分老人尽管文化程度不高，但依然有着较高的休闲类养老需求。

最后，对于日常照料类的养老服务需求，男性比女性更高。中国传统社会，主要由女性负责家务，男性的自我照料能力相对较弱，独居高龄男性的生活照料类需求明显高于独居女性。

2.2.2.2 五种养老需求类型

根据马斯洛的需求层次理论，人的需求分为五个层次：第一层次的需求为生理需求。人首先要满足自身的物质需要，才能生存。因此，农村老人的首要需求是生理需求，即生存需求。由于我国大部分农村地区经济文化水平较低，物质条件相对缺乏，很多老人只能满足最低层次的物质需求。改革开放以来，农村经济条件改善，绝大部分农村老人的生存需求都可以得到满足。但由于贫富差距拉大，还有部分相对贫困老人，为此国家建立了必要的社会救助制度，用来满足每一个公民最基本的生存需求。

第二层次的需求为安全需求，亦属于较低层次的需求。很多老人在满足了生存需求之后，依然有返贫的风险，对于这部分老人来说，家庭经济状况和身体条件是影响其生存安全的重要因素。这些老人往往是失能老人、孤寡老人、高龄老人和贫困老人。对于这部分老人，政府有相应的救济机制。在社会化养老的今天，农村老人要抵抗养老风险，最稳妥的方式是参加社会养老保险。但是大部分农村老人对社区和家庭具有天然的依赖性，他们更愿意采取家庭养老的形式。对于这部分老人，政府要给予更多关注，通过给予生活补贴、纳入“五保”等形式避免其陷入养老困境。此外，这部分老人，多数是高龄老人，对居家医疗服务的需求较为强烈，要适当提高针对这部分老人的医疗服务水平。

第三层次的需求为社会交往需求。农村老人有大量的闲暇时间，满足了前两个层次的需求之后对社会交往的需求变得更加强烈。社会交往的需求包括家庭内部亲人之间的情感交流，家庭以外必要的社会交往，与朋友、邻居的交往等。这是老人精神需求的重要组成部分，社会交往需求是人们的物质需求向精神需求的转变。农村老人很多是留守老人，夫妻双方如果都健在，情感上还有依托。因此，独居老人和养老机构中的部分老人的社交需求更值得我们关注。农村空心化，家庭空巢化，老人的情感无处寄托，很多老人尽管衣食无忧，但心理上很孤独。以情感维系的家庭养老功能被破坏，独自生活增强了老人的孤独感，这种孤独感会给老人带来不安和焦虑情绪（邓利虹等，2015）。

第四层次的需求为尊重的需求，属于较高层次的需求。在传统农业社会中，孝文化是老人维持家庭权威地位的重要因素，在年轻时身体素质和能力较强，是家庭的支柱，具有较强的话语权和支配权；年老之后，尽管身体素质和能力下降，但依然受到家庭、家族和社区的尊重。现代社会中，年轻人获得信息的方式以及思维发生了很大变化，老人对子女的影响逐渐减弱，加之尊老的社会风气逐渐弱化，使得很多老人不被年青一代尊重，自尊心受到伤害。随着自身身体机能下降，老人往往难以得到别人的认同。

第五层次的需求为自我实现的需求，是最高层次的需求。无论是从老人的个人能力、经济水平、家庭环境，还是从其健康状况来看，能够满足自我实现需求的老人，各方面条件都是较为优越的，这些老人的个人威望使得其依然可以参与农村社区的公共事务，即便是在养老机构，他们也希望能够参与管理，贡献一份力量。对很多农民来说，年轻时能够创造价值，年老时更希望发挥余热，这也是人生的一种追求。但在多数情况下，老人创造价值的能力有限，往往没有这样的机会。对于子女来说，希望老人可以安心养老，是一种孝心的表现。但老人更担心的是无事可做。对于这部分老人，家庭要给予其更多的理解，政府和社会要为其创造更多展现的机会。小到为家庭做贡献，大到利用其专业知识和社会经验为年青一代提供帮助等。总之，只要身体条件允许，老年人有这样的意愿和能力，应尽量让其参与家庭和社会的公共事务，满足他们的精神需求。在农村社区，有很多具有公益心的老人，他们通过担任村庄的理事会理事长，联系乡贤、加入老人协会、组织老人开展各种兴趣活动等，这些都是农村老人满足自我实现需求的表现。

2.2.2.3 多元需求分化表现

随着中国农村经济社会条件的变化，农村老人的经济条件、身体条件有较大差异，尤其是区域经济条件的差异使得当前农村老人需求的分化非常明显。从区域上来看，我国中西部地区农村老人的养老方式依然是以家庭养老为主，社区养老和社会化养老为辅；同时，政府承担了少数特困老人的养老责任。东部地区，由于乡镇经济发展较好，工业化程度高，养老需求呈现多样化，“家庭养老+社区养老”、慈善养老机构及“医养结合”等多种养老方式都在推进。

正如前面所分析的，农村老人的养老需求受多重因素的影响。中国养老保障制度正逐渐演变成一种以市场为导向的诱致性制度，需求决定供给是中国农村养老制度变革的基本特征。所以，农村老人养老需求的多元化，尤其是多元化需求反作用于养老供给，对中国农村的养老供给提出了新的要求。老人经济条件的改善、人均寿命的增加、从物质需求向精神需求的转变，使得政府、市场和社会提供的养老产品和项目更趋多元化。经济条件的改善和身体机能的不断下降使得农村老人的养老需求更侧重于医疗保障服务，但农村基础医疗设施不完善、医疗条件有限等客观条件与农村老人的多元化需求形成了强烈对比，结构性矛盾突出。韩沛锟、程瑶瑶（2012）调研显示，现阶段中国农村养老需求主要表现在以下四个方面。

第一，农村人口老龄化趋势加快，多数家庭养老负担日益加重。从老龄人口的数量来看，2019 年底，我国 60 岁和 65 岁以上的老年人口分别达到 2.54 亿人和 1.76 亿人，分别占全国总人口的 18%和 12.6%。根据相关部门的预测，65 岁以上老人数量 2050 年可能达到 4.87 亿人。中国老龄化人口占总人口的比重达到 36%左右。其中 2019 年底中国农村老龄人口达到 1.3 亿人，老龄化程度超过了城市。到 2028 年，中国农村老龄化人口将达到 2.8 亿人，农村老人比重将达到 30%，中国农村将提前进入严重的老龄化阶段。[①] 失能老人和半失能老人、高龄老人的数量增长速度也同时加快。农村家庭结构出现了较大变化，规模结构变小、子女数量减少、大量独居老人的出现，都将带来严重的社会问题。

第二，农村老人的家庭养老观念依然强烈。如前所述，家庭对农村老人来说，不仅仅是物质层面，更是精神层面的支持，农村老人到机构养老常被人诟病为“没有用的包袱”。相比较城市老人，农村老人更倾向家庭养老。如图 2-3 所示，农村老人更倾向居家与社区养老，入住小型养老院

---

① 根据民政部和国家统计局发布的年度报告内容整理。

或社区机构意愿不强烈。

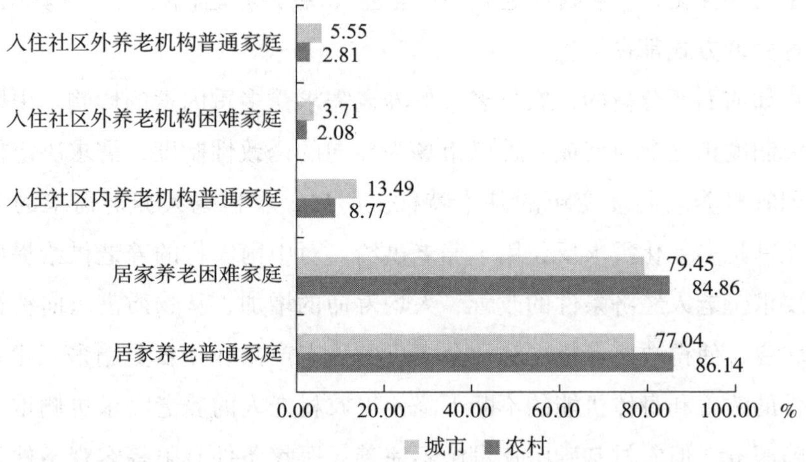

图 2-3 “2018 年托底性民生保障政策支持系统建设”项目数据调查

资料来源：笔者根据国家统计局 2018 年公布数据整理。

第三，“医养康养相结合”的服务需求占比越来越高。随着农村老人数量增加，高龄老人、失能老人和半失能老人的数量也不断增加。很多老人失去劳动能力，甚至失去自理能力，存在无人照顾、缺乏医疗保障的情况。根据韩沛锟的统计，农村老年人“医养康养”方面的需求比例分别为生活照料、医疗健康、精神慰藉 45. 03%，“健康教育服务” 40. 37%，“就医陪同、陪护” 32. 93%。

第四，农村老人机构养老费用负担能力较弱。与城市老人相比，农村老人能够承受 1000 ~ 2000 元/月、2000 ~ 3000 元/月、3000 ~ 4000 元/月养老费用的比例分别约为 12%、6%和 3%。说明农村老人能够承担机构养老的能力有限。

2. 3 中国农村养老保障的供需失衡

伴随改革开放，农村社会生产力快速提高、社保体系渐渐丰富完善，但农村养老保障的供需仍然失衡，现从供给层面剖析存在的问题。

2.3.1 权责主体不明晰

按照目前中国养老保障体系供给主体划分，主要为国家、社会、家庭及个体，呈现多元化趋势。但实际运行中存在主体权责不清的情形，主要体现在以下三个方面：一是个体层面老人自我供养的意识日渐弱化；二是家庭层面的服务保障功能逐渐弱化，尤其随着城镇化发展，大量农村人员进城务工，农村老人独居尤为普遍，各方面家庭保障服务式微；第三，国家和社会层面的养老服务保障替代效应凸显。民政部有关数据显示，各类养老服务机构及设施数量逐年稳定增长，一定程度上减轻了农村家庭养老负担，但可能会导致老人情感交流等精神层面需求难以满足。

2.3.2 服务内容不均衡

养老服务主要包括物质层面和精神层面两大类，现阶段虽然开始注重精神层面供给，但二者依然失衡，各大供给主体更重视物质层面供给，通过具体看得见的硬件设施来强化保障服务，家庭层面也注重物质层面供给保障。但老人们希望获得精神慰藉，他们通常与子女沟通交流不足，从子女那里获得的更多是物质层面的供给（刘小红，2021）。养老服务提供者按性质主要分为公益性和商业性两大类，公益类根据农村养老需求供给简单物质保障，商业类追逐利益，无法体现农村养老精神层面供给；国家应结合农村实际，在保障农村老人日常的基本物质需求基础上，尽可能完善农村养老精神层面供给保障。

2.3.3 城乡差距较明显

城乡养老保障方面的差距主要体现在制度发展、服务内容提供、服务标准制定等方面，都源于主客观条件制约，主要是在经济发展方面存在差异，体现在各类服务保障方面。农村各类保障制度不完善甚至是缺失，社会养老服务结构性供需不平衡在农村地区更为突出，农村社会的显性与隐性养老服务需求巨大，社会养老资源并未按比例同步分配到农村地区。

2.3.4 标准单一缺层次

标准更趋于单一性。政府在设计各个地区政策时，虽然考虑差异性，但是在基本标准制定上呈现单一性。现实是我国中西部地区农村可支配收入差距明显，养老保障需求服务多元化，单一供给标准难以匹配多元化需求。即使是同一地区人群，个体需求亦具有多层次特点，不能千篇一律进行标准配置，应根据个体的购买力和品质需求制定个性化的需求标准。家庭之间养老服务供给差异明显，家庭内部成员文化理念上的差异也导致供需不平衡。

2.4 中国农村养老保障的发展趋势

在乡村振兴背景下，农村养老保障要坚持立足实际、着眼长远、循序渐进、梯次优化的原则，努力与农村社会生产生活方式的变革调整相适宜，与农民对于养老服务需求的日益增长相匹配，与农村养老服务保障模式的持续优化相协调，与农村养老服务体系的健全完善相衔接。

2.4.1 适宜农村社会生产生活方式

一定的生产关系必须与特定的生产力相匹配，特定的农村养老保障水平必须与当时的经济发展水平相一致（蒋军成，2017）。同理，农村养老保障必然受到不同时期农村社会的经济发展水平，特别是农村社会生产生活方式的影响和制约。历史地看，农村社会生产生活方式的变革调整，不仅从总体上规定了特定历史阶段农民的养老保障需求，而且为不同时期农村养老保障的需求满足提供了现实依据。

在传统社会中，以家庭为组织单位、以农业为谋生之本、以农村为生活场域，是传统农村生产生活的基本特点。由于生产力发展水平低下，生存保障和生活照料等基础养老服务成为传统农民养老需求的核心内容。以血缘为纽带的家庭，成为承担农村养老责任、落实养老保障的核心主体，在满足农民养老需求中扮演着关键角色，并由此形成了家庭养老保障模式。传统社会中，“养儿防老”的生育观念、“财产分配”的老人掌握、“反哺老人”的孝道文化、“赡养老人”的伦理义务，成为维系家庭养老的重要机制（林闽钢，2000）。

在计划经济时期，国家强化了对乡村社会的统摄整合，在农村实行土地集体所有、生产集体组织、生活物资统一分配，将农民吸纳到集体化的人民公社之中，实现农村生产生活方式的重塑。此时，吃饭、穿衣、就医、住房、丧葬等基本保障，成为农民的核心诉求。除了要求家庭承担农民养老保障之外，作为集体组织的生产队还可以借助集体积累对无劳动能力、无收入来源、无依无靠的“三无”老人实行保吃、保穿、保医、保住、保葬的“五保”经济安排（丁艳平，2013），并由此形成了集体与家庭共担养老的保障模式。尽管集体保障水平不高，但对于解决特殊困难群众的养老问题发挥了重要作用，成为家庭养老的重要补充。

改革开放以来，以家庭为单位组织农业生产，以就业多样化为基本趋势，以城乡流动的“两栖生活”为生活工作方式，成为改革开放以来农村社会生产生活方式的重要特征。随着家庭联产承包责任制的实施，家庭的生产经营功能被重新激活和强化，以家庭为单位进行农业生产，成为广大农民进行农业生产的主要形式。同时，农村人口外流加剧，市民化程度提升，以及农民就业多样化、生活异地化与家庭结构小型化、农村社会老龄化问题叠加，使得传统家庭养老功能不断弱化（杨清哲，2018），催促了农村社会养老的改革探索，并由此形成家庭养老与社会养老共存的农村养老保障模式。尽管此时养老服务保障仍然停留在较低层次，仍然强调对农村老人医疗保障、生活照料等基本养老需求的关照，但这一改革对于探索市场经济条件下农村养老保障模式具有重要价值。

在乡村振兴背景下，农村生产生活方式发生了显著变化，农业机械化、农村社区化、农民市民化进程不断加快，推动农民养老需求正在经历由低层向高层、由物质向精神、由一般向特定、由单一向综合的多层次转变，要求建立多层次、多元化的农村养老服务保障模式。为适应新形势下农村养老服务保障的新要求，我国大力实施积极老龄化战略，主动将农村养老服务保障工作纳入乡村振兴战略进行统筹谋划，加强顶层设计、强化资金投入、建立制度机制、完善基础保障，不断推动各方面政策、资金、资源向农村地区倾斜，农村养老基础设施建设取得明显成效，互助养老、社会化养老、智慧化养老等养老服务保障模式不断涌现，推动农村养老服务向纵深发展，促进农民养老服务保障水平逐步提高。

回顾不同历史时期，我国农村社会生产生活方式发生了多重变革调整，不仅引发了农民养老需求由低级到高阶、由单一向多元的迭代升级，而且推动了农村养老服务保障工作的持续优化。与地方经济社会发展水平相适应，与农村生产生活方式的变革调整相适宜，成为推动农村养老保障需求满足的重要遵循。

2.4.2 匹配日益增长的农民养老保障需求

农民对于养老保障需求的日益增长，不仅是农民美好生活期待在养老保障领域的投射反映，而且是推动农村养老保障发展的工作指引。从回应性的角度看，农村养老保障应当着眼于人民群众对健康、长寿、幸福的美好期待。

应当指出，农民对于养老保障需求的日益增长，不仅是经济社会发展的必然结果，而且是社会进步的重要体现。从传统时期农民关注物质支持等基本生存保障，到计划经济时期农民关注吃饭、穿衣、就医、住房、丧葬等基础养老保障，再到现代社会农民关心经济供养、生活照料、医疗服务、精神慰藉、休闲娱乐、社会尊重、价值实现等多层次、多样化的养老保障（毕红静，2012），总体来看，农民对于养老保障的需求，经历了需求内容上的丰富拓展、需求层次上的迭代升级、需求方式上的延展创新。在乡村振兴背景下，农民养老迫切要求实现农村养老保障的精准化供给与高质量发展。

一方面，要推动农村养老保障工作的精准化供给。实现农村养老保障需求与养老保障供给均衡的前提是对养老保障需求的精准化把控。当前，W 县农村养老需求呈现出特殊性、差异性和多样性，如按照年龄划分的低龄农村老年人、中龄农村老年人和高龄农村老年人，在养老需求数量上呈现逐渐增多的规律；依据身体状况区分的健康老人、半失能老人、失能老人，在需求类型上呈现明显的多样性；根据经济水平划分的低经济水平老年人、一般经济水平老年人、高经济水平老年人，在需求层次上呈现鲜明的差异性。这就需认真探求乡村振兴背景下农民养老保障需求的规律特点，不断提高农村养老保障需求的精准化供给水平。在乡村振兴背景下，W县以“农村养老保障的精准化供给”为改革方向，紧紧围绕“农村老年人不离村养老”的重要课题，充分将慈善事业与养老事业有机结合，依托建设村级慈善幸福院，为农村老人提供就餐、生活照顾、日间休息、休闲娱乐等服务，着力满足老年人需求。但同时农村养老服务的供需错位在某种程度上仍然存在，如对农村老年群体细分不够精细，未能充分考虑不同年龄段、不同身体状况、不同经济收入水平的老年群体养老保障需求的差异性、多样性，制定的养老保障政策措施不够精准，在落实落细上存在偏差，今后要在精准供给上持续发力。

另一方面，要推动农村养老保障工作的高质量发展。面对农民日益增长的养老保障需求，不仅要在供给方向上实现农村养老保障的精准化供给，而且要在供给质量上实现养老保障的高质量发展。近年来，W县以加快推进养老标准化、品牌化建设为抓手，出台《关于加快发展养老服务业的实施意见》等多项利民惠老政策；高标准建设慈善幸福院，不断向农村老年群体延伸拓展服务内容，特别是在解决农村老年人孤独寂寞和物质生活方面的难题上取得了明显成效，并在丰富老年群体精神文化生活，开展医疗健康义诊、心理咨询等方面进行了有益探索，着力推动农村养老保障的高质量、精细化供给。但总体来看，W县农村养老保障主要还是停留在物质层面供给上，其他较高层次的养老服务保障上仍然不够理想。例如，对于低收入群体老人的养老保障，仍然集中在最基本的生存、生活方面，对家政服务、医疗保健、精神慰藉、社会参与等较高层次的养老保障需求，统筹考量力度有待加强，政策措施的常态化落地机制仍不够健全。今后，需要持续推动农村养老保障的高质量发展，为农民提供更加优质的养老服务保障。

因此，推动农村养老保障的需求满足，需要以满足农民日益增长的养老保障需求为出发点，按照精准化供给和高质量发展的要求，积极顺应农村老人对于美好生活的新期待，不断提高农村养老保障的供给水平。

2.4.3 协调优化农村养老服务保障模式

农村养老保障需求的满足与实现，需要有效发挥政府、市场、家庭、社会等多方力量在农村养老服务保障中的作用，推动形成多方协同、有效供给的农村养老保障模式。

一是制定支持计划，强化“居家养老”功能。家庭养老是一种代际传递的养老模式，家庭是老人生活居住的场所，家庭成员是养老服务的主要供给者。这种养老模式，让老人在感受家庭温暖、享受天伦之乐的过程中接受养老服务，有效契合了我国的传统文化。在现代社会，家庭养老功能弱化虽已成为不争事实，但居家养老依然是我国农村养老保障的主要方式。应当指出，家庭养老的组织实施以及服务质量，主要取决于家庭子女的养老意愿和养老能力，需要相关配套政策制度作为支撑（王习明，2006）。习近平总书记强调政策综合发力，制定家庭养老支持、农村留守老人关爱服务、扶助老年人慈善支持、养老服务人才激励等各类政策，促进政策制度衔接，增强政策合力（顾保国，2020）。在乡村振兴背景下，W 县要持续优化农村养老保障工作，应强化政策支持和配套保障，为农村老人居家养老提供便利条件，同时，还要倡导和弘扬孝道文化，积极营造居家养老的良好社会氛围。

二是借助社会力量，开展“互助+慈善”养老。社会化养老是家庭养老的重要补充。在现代社会，农村社区探索的互助养老、公益慈善组织开展的慈善养老，成为社会力量助力农村养老保障的重要方式。其中，农村互助养老模式，是农村盘活现有资源，整合多方力量，开发出的低成本、可满足村民基本养老需求的一种创新模式，有助于解决农村空巢化、居住分散化等导致的老人无人照料、缺乏服务管理等问题（孙鹃娟，2018）。慈善养老是以“仁爱”为道德基础，以公益慈善组织和志愿者为实施主体，以特困老年人等特殊群体为服务对象，以对特殊群体的物质帮助和照护服务为形式的一种养老保障模式。

三是发挥市场决定作用，推进“智慧养老”。在乡村振兴背景下，市场发挥着资源配置决定作用，要充分依托科技手段，推动养老保障方式的智慧化转型，不断满足老年群体多层次、多样化的服务需求。智慧养老是朝阳产业，以智慧养老为改革方向，不断拓展智慧健康养老的产品供给、场景应用、产业形态，为满足人民群众日益增长的健康及养老需求提供有力支撑。

四是加强政府主导作用，优化“机构养老”。在乡村振兴背景下，强化政府主导作用，推动养老多元化需求，加大对农村敬老院等福利机构的经费投入和规范，充分发挥机构养老在农村养老中的重要作用。当前，农村机构养老仍然存在养老机构床位短缺、设施设备陈旧、专业服务队伍不足等问题，需要进一步加大基础设施建设的投入力度，持续加强农村敬老院、福利院、救助站、养老院等场所的改造升级，不断提升政府的兜底保障服务水平。

2.4.4 完善衔接农村养老保障治理体系

在乡村振兴背景下，推动满足农村养老保障需求，需要主动将农村养老保障工作纳入乡村治理现代化的视野，以推动农村养老保障的现代化为目标，以治理体系、制度机制和能力建设为抓手，不断提高农村养老保障的供给水平和服务质量。

一是要以推动农村养老保障的现代化为价值目标。在治理现代化的语境下，推进农村养老保障工作，不能就养老谈养老、就保障谈保障，应当强化系统思维、整体观念，主动将农村养老保障工作纳入乡村治理现代化的视野，作为推进乡村治理体系与治理能力现代化的重要方面予以重视（赵秀玲，2021）。实践表明，推动实现农村养老保障的现代化，不仅是推动满足农村养老保障需求的目标指引，而且是推动农村养老保障治理体系建设的改革方向。从指导理念来看，推动农村养老保障的现代化，应当以人性化、精准化、规范化、专业化、职业化、多元化和多样化发展为根本取向，努力实现养老服务的辩证发展、系统发展、协调发展与整体发展（李丽君，2022）。在乡村振兴背景下，W 县推动农村养老保障需求的满足，需要以推动农村养老保障的现代化为目标指引，努力实现农村养老保障工作的思维理念转型、制度机制建设、素质能力提升，不断提高农村养老服务的保障水平。

二是要以健全农村养老保障体系为关键环节。推动农村养老保障的现代化，需要以建立健全农村养老保障体系为关键环节。在乡村振兴背景下，我国持续加大对农村养老保障建设的支持力度，推动农村养老保障事业取得了历史性发展。今后，W 县在推动满足农村养老保障需求时，要以推动农村养老保障的现代化为目标指引，加大对农村养老保障治理体系的顶层谋划，统筹农村养老保障人才队伍、需求调查、监督管理、政策制度、基础设施等方面多项任务体系建设（刘磊，2021），不断提高农村养老保障工作的系统性和整体性。

三是要以优化农村养老保障制度机制为根本保障。正如卡尔·波普尔所言，“我们需要的与其说是好的人，还不如说是好的制度”（卡尔·波普尔，2005）。推动农村养老保障的现代化，还需要制定科学完善的制度机制作为根本保障。在乡村振兴背景下，W 县不断创新农村养老服务机制，探索建立“政府+慈善+村级+个人”四级联动保障新模式，制定完善了农村老年人服务补贴和机构补贴制度，农村养老服务保障水平不断提高。但W 县在农村养老制度机制建设方面仍有不足之处，如养老服务规划的相关制度较欠缺，规范化运行机制有待完善，部分制度规定过于笼统、不够明晰等。今后，需要从顶层设计角度，优化农村养老保障的制度机制，加快制定地方性法规、实施细则，切实为满足农村养老保障需求提供长效制度支撑。

四是要以强化农村养老保障能力建设为重要支撑。在治理现代化的语境下，推动满足农村养老保障需求，关注农村养老保障能力的建设。在乡村振兴背景下，农村养老保障的需求日益增长，多元化、多层次、个性化的农村养老需求成为特征。但农村养老保障能力建设相对滞后，难以有效适应农村养老保障的发展形势。例如，以农村互助养老为例，部分村庄由于集体经济基础较为薄弱，加之农村青壮年外流严重，使得农村互助养老面临集体供给能力不足的窘境，进而严重影响了农村互助养老的效果以及发展的持续性。

2.5 小结

本章通过梳理中国养老保障制度的变迁历程，把握养老保障的基本特征和养老需求，剖析了城乡二元结构下中国农村养老保障供需失衡问题。在此基础上，结合乡村振兴大背景，进一步阐述了中国农村养老保障的发展趋势，从总体上把握中国农村养老保障的现状和未来的发展趋势，为后续章节进一步论证养老保障供需奠定了基础。

第3章

W县农村养老保障的需求

在乡村振兴背景下，农村养老保障不仅是乡村振兴战略的重要组成部分，更是一项基础性工程，农村养老保障需求也发生了重要变化。本章以W县农村养老保障为研究切入点，重点从需求的视角出发，从类型化、根源性、多层化等维度展开论述，把握W县养老保障需求的基本样态，分析养老保障需求发展的影响因素，探究农村养老保障需求变革方向趋势。

3.1 类型化：W县农村养老保障需求的基本样态

农村养老保障需求不仅包括经济保障需求，还包括医疗保障需求、服务保障需求、精神保障需求。乡村振兴背景下，农村社会的生产生活发生了较大变化，不同条件、群体和地域下的农民养老保障类型具有特殊性、差异性和多样性。为了提高农村养老保障效率，实现农村养老保障的精准供给，需要对各类农村养老保障需求进行精细分析。

3.1.1 条件分类与养老需求的差异性

农村老年人因年龄、身体状况、经济水平的不同，其养老保障需求的程度、类型、层次存在着明显差异。

3.1.1.1 年龄对农村养老保障需求的影响

根据W县农村老年人的年龄，可将其划分为低龄农村老年人、中龄农村老年人和高龄农村老年人。① W 县农村老人的养老保障需求因年龄不同而有所差异：从整体上看，低龄农村老年人的养老保障需求较弱；中龄农村老年人的养老保障需求较强烈；高龄农村老年人的养老保障需求最强烈。

低龄农村老年人是指年龄为 60~69 岁的农村老年人。据调研，W 县低龄农村老年人的养老保障需求比中、高龄农村老年人少。具体而言：低龄农村老年人使用费用颇高的医疗服务频率较低，开支较少，且部分低龄农村老年人还有一定的劳动收入，多数低龄农村老年人可自主养老，对经济保障的需求较弱；低龄农村老年人的健康水平普遍较高，不经常使用医疗保健服务，医疗保障需求较弱；自理能力普遍较强，能够自主照顾个人生活，对服务保障需求较弱；低龄农村老年人通过自主参与文娱项目、情感交流等社会活动，甚至积极参与公共事务，满足其社会尊重、价值实现的需求，但对基层慰问探访等被动式精神慰藉的精神保障需求较少。

中龄农村老年人是指年龄为 70~79 岁的农村老年人。据调研，W 县中龄农村老年人的养老保障需求增多。具体而言：中龄农村老年人的健康水平下降，医疗护理开支增多，可能会超出个人经济能力范围，对经济保障的需求提高；中龄农村老年人随着年龄的增长，自理能力普遍下降，重体力活、家务劳动、日常起居等方面的服务保障需求增加；中龄农村老年人的健康水平开始下降，对基础医疗、预防医疗、突发事件的事后护理等医疗保障需求增加；中龄农村老年人的行动受限，日常交往、情感交流等自主社会活动受限，入户慰问、精神慰藉等精神保障需求普遍增加。

高龄农村老年人是指年龄为 80 岁及以上的农村老年人。据调研，W 县高龄农村老年人的养老保障需求相比其他群体更多。具体而言：高龄农村老年人的健康水平普遍较低，医疗护理开支数额较大，但其没有劳动收入，对经济保障的需求最强烈；高龄农村老年人身体机能衰退，健康水平

---

① 世界卫生组织将老年人划分为三种类型：60~74 岁为年轻的老年人，75~89 岁为老年人，90 岁及以上为长寿老年人。《中华人民共和国老年人权益保障法》第二条规定，老年人的年龄起点标准为 60 周岁。结合国际标准和国内实际，本书将 60~69 岁的老年人界定为低龄老年人，将 70~79 岁的老年人界定为中龄老年人，将 80 岁及以上的老年人界定为高龄老年人。

普遍很低，且患病风险很高，对疾病治疗、诊疗检查、康复护理、疗养修养等医疗保障的需求更普遍、更强烈；高龄农村老年人身体机能下降，生活自理能力普遍较低，对生活照料、临终关怀、殡葬等服务保障需求最强烈；高龄农村老年人行动不便，自主参加日常交往、情感交流的难度增大，精神保障需求强烈，不仅需要入户慰问、上门拜访等精神慰藉，还需要心理咨询、心理健康教育等服务。

W县C村80多岁的张某，家中变故颇多，自己又常年卧病不起，精神状态不佳，常常自言自语“儿子、孙子都死了，我一个老头儿该死不死，天天拖累人啊”。他悲观的情绪又加重了病情，形成了恶性循环，不仅需要经济、医疗、服务保障，还需要心理健康教育以满足精神保障需求。（访谈编号WLM20200721-Z，根据C村张姓村民访谈整理）

3.1.1.2 身体状况对农村养老保障需求的影响

根据农村老年人的身体状况，可将老年人分为健康老人、半失能老人、失能老人（袁国玲等，2014）。W县农村老人的养老保障需求因身体状况不同而有所差异：健康老人的养老保障需求侧重于预防医疗、突发疾病预防、紧急救助等医疗保障，其他类型的养老保障需求较少；失能和半失能老人的养老保障需求较全面，对经济保障、医疗保障、服务保障、精神保障都有需求。

健康老人是指身体健康状况良好的老人。W县农村健康老人拥有生活自理能力，可以居家养老，除对基础医疗、预防医疗等医疗保障有较高的需求外，对经济保障、服务保障、精神保障的需求较少。具体而言：健康老人身体状况较好，费用颇高的医疗健康支出较少，有能力承担基本生活支出，对经济保障的需求较少；健康老人对康复护理等医疗保障需求较少，主要集中在健康知识讲座、基础医疗、预防医疗、突发事件的事后护理等医疗保障；健康老人生活自理能力强，可居家养老，少有服务保障需求；健康老人基本是主动寻求精神上的满足，自主参与文化娱乐、体育健身、情感交流等，对政府提供的基层慰问探访等精神保障需求较少。

W县D村的老人张某在谈到老年生活时说道：“我教了一辈子书，现在退休了有退休金，再加上养老金，生活开支上没压力。咱自己能走能跑，也没病，就和老伴儿自己在家生活，闲了也参与村里文化活动，就是图个乐。现在国家的政策好，时不时还在村里搞免费体检，我们也参加。年纪大了，没病没灾，不给儿女添乱就算享福了。” （访谈编号WLM20200723-Z，根据D村张姓村民访谈整理）

半失能老人是指部分丧失生活自理能力的老人。据调研，W县半失能老人的生活自理能力较低，既有经济保障、医疗保障、服务保障的需求，也有慰问探访、心理疏导、心理健康咨询等精神保障需求。具体而言：半失能老人的健康状况不佳，医疗、保健、护理等方面的支出较多，经济负担较重，因此经济保障的需求增加；半失能老人对疾病治疗、康复护理、费用报销等医疗保障的需求颇高；半失能老人丧失了部分生活自理能力，不能开展自主养老，不仅需要生活照料，还需要老年人权益维护等服务保障；半失能老人由于身体健康水平颇低，心理健康也深受影响，精神保障的缺失不利于身体康复，因此不仅需要入户慰问探访、亲友关怀，还可能需要专业的心理咨询、心理疏导等服务保障。

W县Z村的金某肢体四级残疾，生活自理能力有限，还要照顾精神二级残疾的儿子。金某常常感叹“自己受苦受累也罢了，儿子也如此命苦”。金某不仅需要物质上、生活上的帮扶，更需要心理疏导、慰藉等精神支持。（访谈编号WLM20200722-J，根据Z村金姓村民访谈整理）

失能老人是指完全丧失生活自理能力的老人。据调研，W县的失能老人丧失了生活自理能力，普遍对经济保障、医疗保障、服务保障、精神保障等需求强烈。具体而言：失能老人的身体健康状况很差，医疗、保健、护理等方面的支出大，经济负担沉重，高度需求经济保障；失能老人健康状况恶化，不仅需要高额的医疗费用报销，还需要上门失能康复治疗、专业护理等医疗保障；失能老人完全丧失了生活自理能力，日常生活需要特殊照顾，对长期照料等服务保障需求最高，同时需要老年人权益维护等服务保障；失能老人由于身体健康水平很差，心理健康也深受重创，孤独、恐惧等消极情绪颇多，不仅需要心理疏导、入户慰问探访等精神关怀，还需要专业的心理咨询、心理疾病治疗等精神服务。

3.1.1.3 经济水平对农村养老保障需求的影响

农村老人的养老保障需求因经济水平的不同而有所差异。2020 年，W 县农村居民人均可支配收入达 20475 元。① 参照这一标准，笔者将 W 县农村老人的经济水平划分为低、中、高三个层次。其中，低经济水平的老人是指被界定为贫困户的老人；中等经济水平的老人是指非贫困户，个人年收入达 20000 元的老人；高经济水平的老人是指个人年收入在 20000 元以上的老人。在养老需求上，高经济水平的农村老年人的养老保障需求层次高，多数能实现自主养老或家庭养老；中等经济水平的农村老年人的养老保障需求层次不高，能自我满足基本的养老保障需求；低经济水平的农村老年人养老保障需求层次低，需要依靠社会养老。

低经济水平的农村老年人主要是指贫困户老人，需依靠低保、特困人员救助等政府救济维持生活，养老保障需求层次低。据调研，W 县贫困户老人的消费能力和水平普遍很低，其养老保障需求集中在最基本的生存、生活方面，几乎不关注高层次的养老保障。具体而言：虽然贫困户老人的开支多集中在吃穿用等日常生活方面，但其收入难以维持基本的生活，更难以抵抗疾病、伤残所带来的风险，高度依赖政府的经济帮扶、物质救济等经济保障；贫困户老人虽没有较高层次的营养保健需求，但对免费体检、义诊、医疗费用报销等基本医疗保障需求很高；失能、半失能的贫困户老人依赖政府提供公益照料、免费的生活服务等服务保障；贫困户老人由于健康水平低，经济水平也较低，更需要基层干部的慰问探访、鼓励、帮扶等精神保障。

W 县 C 村建档立卡贫困户张某，现年 62 岁，自幼患精神类疾病，属二级残疾，生活勉强自理。不仅需要政府发放经济补助、物质支持等，还需要有人照顾其日常生活，更需要村干部经常入户走访，予以关心照顾。（访谈编号 WLM20200721-Z2，根据 C 村第二位张姓村民访谈整理）

W 县中等经济水平的农村老年人在全县老年人群体中占比最高，有一定的收入来源，能够自主保障基本生活。据调研，W 县中等经济水平的农

① 参见 W 县 2021 年政府工作报告。

村老年人在满足最基本的生存、生活保障需求的基础上，可能还有较高层次的养老保障需求。具体而言：中等经济水平的农村老年人拥有一定的经济能力，收入来源相对稳定，能够维持基本生活，对经济保障需求不高；中等经济水平的农村老年人对费用颇高的营养保健需求不高，但对免费体检、义诊、费用报销等医疗保障有一定的需求；中等经济水平的农村老年人受制于经济条件，对政府、义工提供的免费生活照料等服务保障有较多的需求；多数中等经济水平的农村老年人的精神状态较好，对社会参与、情感交流等较高层次的精神需求大。

W县高经济水平的农村老年人在全县老年人群体中占比很低，收入来源比较稳定，养老保障需求层次高。据调研，W县高经济水平的农村老年人不满足于低层次的基本生存、生活保障需求，追求高层次的养老保障。具体而言：高经济水平的农村老年人经济能力强，收入来源稳定，能够自主实现较高水平的养老，对政府资助的经济保障需求不高；高经济水平的农村老年人追求较高层次的医疗保障，有养生保健服务、疾病预防、陪伴就医、健康教育等医疗保障需求；高经济水平的农村老年人对生活水平要求高，有能力购买商业性的家政服务、保健护理等，不依赖政府或社区提供基础性的服务保障；高经济水平的农村老年人对社会尊重、价值实现等较高层次的精神需求大，希望通过参与公共事务、影响公共决策获得精神慰藉。

3.1.2 群体分类与养老需求的特殊性

伴随着城镇化进程、户籍制度的变动，农村人口逐渐分化为普通农民、失地农民、农民工等不同群体（杨哲等，2010）。各类农民群体囿于自身养老条件的不同，对养老保障的需求也不大相同。

3.1.2.1 普通农民的养老保障需求多层次化

普通农民是指在农村从事农业生产的农民，主要分两大类：一是在农村单纯从事农业生产的耕地农民（邓大松等，2008），人数较多，是我国农村社会养老需求保障的核心群体；二是农村的村干部、赤脚医生、农业产业化经营者等，人数很少。根据W县的调研情况，大多数耕地农民收入不稳定、经济水平低下，较低层次的基础性养老保障需求尚未得到有效满足；少数村干部、赤脚医生、公办教师、农业大户等，享有政府发放的退休金，收入水平较高，追求较高层次的养老保障。

首先，大多数耕地农民较低层次的基础性养老保障需求尚未满足。目前，农业生产并不发达，农业收入水平较低，W县耕地农民大部分属于低收入和贫困阶层，养老积蓄有限，难以实现自主养老，需要国家、社会提供养老保障。具体而言：耕地农民的可支配收入少，投保大多选择缴费基数低、缴费额度小的档次，以致年老时领取的保险金少，生活困难，需要最低生活（福利）保障金、特困供养、社会救助金等基本经济保障；农村地区医疗卫生状况、医疗保障制度建设滞后，但耕地农民长期从事繁重的体力劳动，患病概率更高，对医疗费用报销、义诊等医疗保障的需求强烈；耕地农民由于经济能力有限，难以购买家政服务等商业性服务；耕地农民由于经济条件有限，社会地位较低，心理与精神状态较差，对慰问探访、鼓励帮扶等基本的精神保障需求强烈。

W县Z镇65岁的何某，虽有五亩耕地，但由于体弱多病，经常为收种农作物犯愁，且收入有限，勉强维持基本生活。迫切需要志愿者服务队提供劳力帮扶，保障其土地收入。（访谈编号WLM20200718-H，根据Z镇何姓村民访谈整理）

其次，村干部、赤脚医生、农业产业化经营者追求较高层次的养老保障。W县普通农民除耕地农民外，还有少量村干部、赤脚医生、农业产业化经营者等，这些人拥有较稳定的收入来源，经济水平较高，养老保障需求的层次也较高。具体而言：村干部、赤脚医生、民办教师等比耕地农民的养老金高，农业产业化经营者等比耕地农民的收入高，自主承担养老费用能力强，几乎不需要政府提供最低生活（福利）保障金等较低层次的经济保障；该类群体收入稳定，经济水平高，除基本医疗保障需求外，还有更高水平的医疗保障需求；该类群体有一定的经济能力，能够自主满足生活照料、日常起居等基本需求，少量农民追求高品质的服务；该类群体除了追求基本的情感交流、社会交往等精神需求保障外，还追求社会尊重、自我价值的实现等高层次的精神需求实现。

3.1.2.2 与城镇居民同等的失地农民养老保障需求

失地农民是指土地被依法征收，农业户口家庭人均耕种面积少于0.3亩的农村居民（杨汉国等，2014）。随着我国城市化和工业化进程的加快，被征收的农村集体土地规模日益增大，农民失去土地这一生产资料的保障功能，同时无法享受与城市居民同等的社会保障权利，养老需求能否得到保障的不确定性增大，他们的养老保障需求普遍很强烈。具体而言：虽然失地农民能够获得一笔补偿金，但征地安置补偿金普遍采用单一的货币安置方式，丧失基本经济基础的失地农民，对居住安顿费用、失业保险、最低生活保障、城镇居民社会养老保险等经济方面的养老保障有着强烈的需求；在城乡分割的二元结构下，失地农民无法享受与城镇居民同等的医疗保障，对政府供给的医疗费用报销、义诊等医疗保障需求强烈；失地的年老农民由于行动不便，难以适应楼房生活方式，对送菜、送餐、上门维修等服务保障有着强烈需求；被征地农民不仅迫切需要融入城市、获得社会认同等精神保障，还需要职业教育、职业培训等服务支持，以便顺利在城市稳定就业，适应生产、生活方式的转变。

3.1.2.3 与城镇职工同等的农民工养老保障需求

农民工是指户籍在农村，进入城市从事非农产业的农村居民。我国已进入城镇化高速发展时期，农民工是成为城镇人口的潜在人群。但已城市化的农民工并没有被纳入城镇职工社会保障范围，他们迫切需要享受与城镇职工同等的养老保障。笔者在调研过程中了解到：W县外出务工的农民工收入来源不稳定，享有的社保项目不齐全，较难适应城市的高消费生活，对城镇职工享有的住房保障、最低生活保障、病残津贴、应急救助、失业保险、工伤保险等经济保障有着强烈的需求；很多农民工从事危险工作，是职业病高发群体，且遭遇工伤、意外伤害的风险大，对基本医疗保险、大病医疗保障等的需求度很高；农民工作为弱势群体，常遭受工资拖欠、赔偿款不合理等不公正待遇，但其法律知识有限，难以维护个人合法权益，对权益维护、法律援助等服务的保障需求很高；远离家乡的农民工文化素质和知识技能低下，生活习惯和生活方式难以适应城市生活，不仅迫切需要社会认同、社会交往等精神保障，而且对城镇职工所享有的职业教育、职业培训等提升个人能力和价值的文化活动有着较高的需求。

W县C村陈某，在郑州务工十几年，去年因病住院，但不能享受与城镇职工同等的医疗报销水平，经济负担进一步加重。（访谈编号WLM20200721-C，根据C村陈姓村民访谈整理）

3.1.3 地域与农村养老需求的多样性

按照地域的不同，农民可分为农村社区居民、镇区农民、城市郊区农民，不同地域农民的养老保障需求各有其特点。

3.1.3.1 农村社区居民低水平的基本养老保障需求

农村社区居民是指长期居住在农村社区的居民。根据W县的调研情况，农村社区居民长期居住于熟人社会，在与亲朋好友的交往中基本能够满足精神需求。由于收入水平有限，农村社保水平较低，农村社区居民更需要基本的经济保障、医疗保障、服务保障等。具体而言：农村社区居民多从事体力劳动，几乎没有薪酬来源，高度依赖政府提供的最低生活保障、贫困救济与补助、高龄补贴、护理补贴等经济保障；农村社区居民距离城区较远，行动不便，迫切需要上门看病与送药、居家护理、家庭医生、下乡义诊等医疗保障服务；目前政府供给的保障服务是以农村“低保”“特困”和“建档立卡户”等受政策照顾的老年人为服务对象，该类老年人高度需求免费的公益志愿服务、义工上门服务、政府购买服务等保障服务；虽然农村地区老年人的精神文化休闲活动并不多，但熟人社会为其提供了与亲朋好友接触的机会，基本能够满足其精神需求，很少依赖政府部门。

W县Z村张某因距离县城较远，也为了节约开销，从未做过全面体检。村医通知其参加免费健康体检，她却因无人陪同拒绝体检，村医便亲自开车送她去体检，家庭医生也前来陪同。部分农村社区居民不仅需要免费的健康体检，还因身体受限、无人陪同等，需要接送、陪同，甚至上门

看病。（访谈编号 WLM20200721-W，根据 Z 村张姓村民访谈整理）

3.1.3.2 镇区农民较高水平的养老保障需求

镇区农民是指长期居住在小城镇的农民。《中共中央关于制定国民经济和社会发展第十四个五年规划和二〇三五年远景目标的建议》强调，要强化乡镇服务农民的功能。乡镇作为农村政治经济文化中心，在贯彻实施乡村振兴战略中承担着重要功能。镇区农民收入来源较多，经济条件较好，有着较高水平的养老保障需求，但镇区有限的养老保障能力难以满足其需求。具体而言：镇区农民不仅有较稳定的务农收入，还有房租、务工、个体经营等收入来源，收入水平较高，有一定的积蓄，较少依赖政府提供的经济保障；镇区农民的健康意识、医疗消费水平较高，不仅需要较先进的医疗设施、技术等，还需要健康讲座、养生保健服务等医疗保障服务；镇区农民个体经营者、务工者较多，家庭提供服务保障的能力有限，不仅依赖社会供给的失能老人照料等必需服务，甚至部分农民还需要社会提供饮食、起居、清洁等保障服务以满足其舒适生活的需求；镇区农民对精神文化的需求日渐攀升，不仅需要聊天解闷、情感交流、精神慰藉等基本精神保障，还需要文体活动、兴趣爱好等精神保障。

3.1.3.3 城市郊区农民的养老保障需求最迫切

城市郊区农民是指长期居住在城市郊区的农民。随着城市化的推进，W 县城市郊区大量土地被征用，不少农村居民失去了赖以生存的土地，又缺乏较为完善的社会保障制度支撑，以致其养老保障缺乏稳固的经济基础，而原有的社会关系网络已瓦解。无保障的城市郊区农民比农村社区居民、乡镇区域农民，更迫切需要国家建立健全针对失地农民的社会保障体系，满足其养老保障需求。具体而言：因城市郊区农民的耕地面积普遍有限，不仅限制了其收入水平，还因购买粮食增加了其生活成本，且征地货币安置的一次性特点及多数农民的不合理使用，使得城市郊区农民对最低生活保障、社会救助、失业保险等经济保障有强烈的需求；城市郊区失地农民虽然从身份上实现了农民到市民的转变，但是却没有享受到市民应有的权利；部分城市郊区农民遭遇土地安置补偿金不合理、发放不到位等不公待遇，对权益维护等服务保障的需求比其他群体更高；由于城市郊区的土地被征用，基于地缘关系的社会网络结构随之被打破，年轻子女又难以经常陪伴老人，老年人普遍感到孤独、失落，对聊天解闷、情感交流等精神保障需求十分强烈。

3.2 根源性：影响W县农村养老保障需求发展的因素

在持续推进乡村振兴的进程中，W县农村养老保障需求发展呈现的多层次性特征，缘于农民收入状况、风险意识、社会赡养理念、政府统筹及市场供给等因素的综合作用。

3.2.1 农民收入状况与养老服务价格

收入水平直接制约农民的养老服务需求。在农村养老服务产业深入发展的态势下，由不同性质主体供给的养老服务，其价格存在差异，这为农民选择适合的养老服务提供了多种可能。

3.2.1.1 农民可支配收入持续增长

经济收入不仅影响农民的养老需求，而且影响农民对养老服务的选择。收入水平越高的农民，对老年生活水平的要求越高，越愿意为优质的养老服务支付费用。

在传统小农经济社会，一家一户的个体式农业生产是农民收入的主要来源。在农业生产之外，农闲时的手工业或其他副业是农民补充家庭开支的理性选择。在这种模式下，农民收入总体上徘徊在较低水平，家庭养老成为农民主要甚至是唯一选择。新中国成立后，我国对农业进行了社会主义改造，1978年开始改革开放，农民收入快速增长。尤其是21世纪以来，我国农村居民人均可支配收入持续增长。国家统计局数据显示，从2001—2020年，我国农村居民人均可支配收入由2047元增加至17131元，增长幅度达737%。这源于：一方面，我国农业、农村持续发展，农民的农业生产收入不断增长；另一方面，伴随着城市化进程的快速推进，农民的就业渠道更加多元化，收入来源得以扩展。

农民收入的增长，为其选择多样化的养老服务提供了经济支撑。但不能忽视的是，农民收入水平整体上升，并未消除农村内部的贫富分化。对于拥有高收入的农民而言，其对养老生活有着更高的期许；对于中等收入的农民而言，难以负担高价格的养老服务；对于低收入农民，特别是陷于贫困状态或处于贫困边缘的农民而言，正常的生产、生活尚面临困难，养老更是“不敢多想”。由此，不同的经济收入水平，会导致农民产生不同的养老服务需求。

W县B镇的贫困户岳某，靠打零工为生。妻子赵某，患智力一级残疾，生活完全不能自理。夫妻二人有孩子后，没有能力照顾孩子，全靠其岳父岳母帮衬。后岳某上了年纪，无法再从事较强体力劳动，岳某一家的生活就完全由其岳父岳母来照料。对岳某及其妻子而言，保障老年时期的正常生活是首要需求。（访谈编号WLM20200804-Y，根据B镇岳姓村民访谈整理）

3.2.1.2　农村养老服务价格差异化设置

自新中国成立以来，农村养老事业由养老福利事业向养老服务产业发展和转变。在新中国成立之初，农村老人的养老问题主要以家庭养老的方式得以解决。对于丧失劳动能力的鳏寡老人，由村集体以“五保”的方式加以供养，农村养老作为村集体的一项社会福利事业，这一状态一直持续到20世纪末。进入21世纪后，在农村税费改革、中国老龄化社会的加速到来、社会主义市场经济的发展等因素的综合作用下，国家开始加强对养老服务体系进行规划，特别是2006年国务院对《农村五保供养工作条例》的修订，标志着国家开始承担农村养老服务供给的财政责任，农村养老服务供给从农村集体福利转变为国家福利制度（黄俊辉，2019）。此后，随着国家对养老服务体系的规划和建设，在政府和村集体之外，社会和市场的力量开始深入参与到农村养老服务供给之中。农村养老服务因此逐步发展成为一项产业。

农村养老服务的产业化发展，极大改善了农村地区养老服务基础设施。除政府筹办的敬老院外，由社会和市场力量兴办的老年照料中心、“夕阳红”养老院、老年福利院等养老机构层出不穷，为农村老人养老提供了多样化选择。在众多养老服务中，由于供给主体的不同，相应的养老服务价格也存在差异。其中，由政府兴办的敬老院，具有普惠性、兜底性，养老服务价格较低，但服务特色不足；由志愿组织、互助组织等社会力量筹办的养老服务机构，价格虽然较低，但区域覆盖有限；由市场主体开办的养老服务机构，因其营利性质，养老服务价格较高，服务质量相对较好。农村养老服务价格的差异化设置，为不同收入水平的农民选择适宜的养老服务提供了条件与可能。

W县在解决贫困兜底户的脱贫养老难题过程中，累计投入6000万元，在全县建立了8个标准化医养中心，设置了908张医养床位，并出台集中医养资金管理办法，县财政按照肢残每月2600元、精神残疾每月1600元、智残每月2300元的标准予以保障，兜底贫困户的养老需求。（访谈编号WLM20200715-W，根据W县民政局王姓副局长访谈整理）

3.2.2 农民风险意识与养老选择偏好

现代社会，农民风险意识的增强促使其根据自身条件设立层次性养老期许，为自己争取相应的条件。与此同时，养老服务供给的多样化，推动了农民养老选择偏好的分化发展，对农民的养老需求产生了影响。

3.2.2.1 农民的风险意识增强

在农业农村现代化持续推进的背景下，现代社会因子不断向农村社会下渗，农民对风险的感知更加切身，农民的风险意识得到强化。与此同时，为提升农村居民的社会保障水平，我国先后制定并实施了新型农村合作医疗、新型农村社会养老保险等制度，与土地保障、社会救助等其他社会保障措施相配合，共同构筑农民基本生活保障网，制度落地在一定程度上也唤醒了农民的风险意识。

从风险的类型看，农民面临的风险可以分为生产风险、生活风险和生存风险三类（徐慧清等，2006），不同类型的风险之间具有关联性，一种风险的发生可能会引发其他类型风险的连锁反应。

在W县C村，贫困户程某身患残疾，妻子和儿子也患智力残疾，家中仅有3.6亩耕地，生活徘徊在贫困线边缘。为了照顾妻子和儿子，半劳力程某选择留在家中，靠种地和打零工生活。由于抵御风险的能力不足，程某一家还面临由生活风险引发的生产甚至生存风险。（访谈编号WLM20200717-C，根据C村程姓村民访谈整理）

养老风险是农民所面临的重要风险，实现“老有所养”是每一个人的基本生活追求。基于较强的风险意识，农民会尽己所能，为自己的老年生活挣取一份保障。首先，经济条件较好的农民对老年生活有着较高的质量要求，在国家统一实施的养老保险制度之外，还会购买商业性养老保险，提前开展“老年储蓄”；在“老有所养”的基础上，追求“老有所为”“老有所乐”。其次，经济条件一般的农民，“无病无灾”是其对老年生活的主要期许。虽然农村养老保险所发放的养老金有限，但可以为其解决一部分慢性病的用药开支，所谓“有总比没有强”。最后，经济条件较差的农民，由于个人收入难以满足其日常的家庭生活开支，存在“养老忧患”，争取国家的救助和救济是其保障老年生活的有效选择，如W县的“五养八延伸”养老模式就是针对县域内贫困兜底户的脱贫养老需求。

3.2.2.2 农民养老选择偏好分化发展

多元主体为农民养老提供了多样化养老服务选择。在传统的家庭养老之外，社区居家养老、市场性的养老机构养老逐步成为农民可接受的养老方式，农民的养老选择偏好出现分化发展的特征。

一是家庭养老依然是农民最主要的养老方式。家庭养老在农村老年人的情感感知上占据着重要位置，子女生活照料和精神上的陪伴是一种扶持。对于具备家庭养老条件的老人而言，由子女照顾其晚年生活是农村养老首选。原因在于：不论是“熟人社会”还是“半熟人社会”，农村是一个地缘共同体，对于生于斯、长于斯的农村老人而言，其与村内的老人有着相同的乡音、乡情、乡俗，人际交往频繁、相处融洽、互动密切，可与其他老人组建起精神共同体，消解其晚年精神上的孤寂。子女的孝老与敬老也能够使其感受到人生的价值与意义，使其在村庄内更有“脸面”。

对于居家养老，W县Z村的村民李某谈道：“不管怎么说，有条件在自己家养老还是好一些。自己有儿有女，还去住养老院，有时候会被村里人看不起，觉得是子女没有能力赡养老人，让一家人在村里都丢面子。”（访谈编号WLM20200721-L，根据Z村李姓村民访谈整理）

二是居家养老是不少农民养老的选择偏好。基于对美好生活的追求，不少农村青年走向城市，谋求更好的生活条件与方式，但由此造成子女与父母在空间上的隔离。由于不能或不愿意随子女进城，相当多具有自理能力的农村老人只能居家，或自我养老，或由子女雇佣保姆照料其生活。此外，部分农村地区的社会志愿组织会定期对村庄内的居家老人开展慰问、关怀、帮扶等，使居家老人有更好的晚年生活。

三是养老机构养老是部分老人的“不错选择”。对于失去自理能力或仅具有半自理能力，且子女长期不在家或与子女有矛盾的老人而言，去养老机构养老是一个“不错选择”。虽然入住养老机构可能会造成地理、家庭关系、社会网络等层面的“三重隔离”（焦若水等，2020），但养老机构的普适性、专业性、特色性服务能够满足老人的基本生活需求。此外，个别独居在家的老人，为排解精神生活的孤寂，省去日常做饭的麻烦，会主动选择去养老机构养老。

W县D镇的老人宋某谈道：“我儿子、女儿都在外面做生意，自己一个人在家，我愿意去镇上的养老院。为啥？我腿脚不好，但其他都好好的，咱也不能因为这个把儿女绊在家，现在孩子们的生活压力也挺大。去了养老院，有吃有喝的，还热闹，可以打打牌、下下棋。自己一个人在家，进门一盏灯，出门一影子，冷清嘛。”（访谈编号WLM20200727-S，根据D镇宋姓村民访谈整理）

3.2.3 生活自理能力与社会赡养理念

生活自理能力不同的老人，养老需求会有所差异。在传统“养儿防老”的赡养理念遭受冲击的背景下，现代社会“多元养老”的赡养理念对转变老人养老需求具有推动作用。

3.2.3.1 生活自理能力对老人养老的影响

生活自理能力是指满足个人基本生活需要的能力。按照国际通行标准，当老人达到自主完成吃饭、穿衣、上下床、上厕所、室内走动、洗澡等指标时，其具备完全自理能力；当老人难以自主完成上述指标中的个别指标时，其被定义为半失能老人；当老人不能自主完成上述任何一项指标时，其被定义为完全失能老人。生活自理能力的差异对老人的养老需求产生直接影响。

首先，生活能够自理的老人，在实现“老有所养”的基础上，可通过参与村庄的公共文化活动、公共事务治理，照顾留守儿童等，来寻求精神生活上的满足以及个人社会价值的扩展，发挥余热。此外，在农村青年结婚难的现实背景下，对于有后代未结婚且具备自理能力的老人而言，即使按照标准其已是老年人，但仍不会重点考虑自身的养老需求，而是尽力为子女婚事考虑。其次，半失能老人在身体条件允许的情况下，在满足生存需求的基础上，可通过参加家庭娱乐活动来消解“精神贫困”，如行动不便但头脑清晰的老人，邀请老年玩伴在家一起打牌，丰富老年生活。最后，对于完全失能的老人，满足基本生存需要是其首要养老需求，这类老人因生活完全不能自理，“老有所乐”“老有所为”不在其追求范围之内。

W县Z村的村民宋某谈道：“现在村里结个婚是真难，彩礼就一二十万元，其他七七八八算下来就五六十万元。家里要是有个没结婚的儿子，做父母的别管年纪多大了，他心就不在养老上，还得为儿子结婚打算呢。只要能干活他就不会闲着，挣一点儿是一点儿。”（访谈编号WLM20200721-S，根据Z村宋姓村民访谈整理）

3.2.3.2 社会赡养理念的转变

孝文化是中华民族优秀传统文化，亲老、敬老、养老是孝文化的核心内容。在传统社会，“养儿防老”“由儿养老”是主流社会赡养理念。但是在现代化进程中，生产方式的变革、家庭结构的变化、社会伦理环境的嬗变等都对传统的养老文化形成冲击（吴海涛等，2014），社会赡养理念由“养儿防老”向“多元养老”转变，催生了农村老人的多样化养老需求。

一是农村老人独立意识增强，寻求自我养老。对于尚有劳动能力的农村老人，在其步入晚年后，并不立即寻求子女的孝养，而是通过农业生产、打零工等方式获取经济收入，开展自我养老。这一方面是现代家庭经济压力大，老人想通过劳动减轻子女负担，甚至在经济上补助子女；另一方面是老人不想过早地看子女“脸色”生活，特别是当老人与子女不和时，这种担心更为突出。

二是子女的孝养理念转变，老人养老不再是儿子“专属”责任。计划生育政策在控制人口、推动男女平等的同时，也扩展了老人养老的责任主体。对于独生子女家庭而言，不论是男孩还是女孩，都要承担父母的养老责任。对于多子女家庭，各子女会根据自身条件来承担赡养父母的责任。为使父母晚年生活幸福，有能力的子女会在照顾父母上多尽一份力，但也存在子女间相互推诿，不愿赡养父母的失德现象，导致老人晚景凄凉。此时，社会养老、互助养老就成为弥补家庭养老缺位的重要方式，也是老人的现实养老需求。

W县推行的“五养八延伸”养老模式，更多是将自我养老、家庭养老与社会养老相结合。2020年以来，在全县465户贫困兜底户签署的507份养老协议中，亲情托养208份、包帮托养219份、邻里托养2份，三类养老协议合计429份，占总数的85%。这显示W县重点是通过家庭养老和社会养老来满足农村老人的养老需求。（访谈编号WLM20200711-W，根据W县民政局王姓副局长访谈整理）

3.2.4 政府统筹与市场自主供给

政府是养老服务体系的统筹规划者，市场主体是养老服务产品的重要供给者。政府统筹供给水平的不断提升和市场化供给的不断完善，为满足农村老人多层次的养老服务需求提供了保障与指引。

3.2.4.1 政府统筹供给水平不断提升

养老服务作为社会保障的一项重要内容，具有公共产品属性，政府在提供社会兜底性养老服务和养老服务体系规划方面负有主体责任。实践中，政府统筹供给养老服务，主要表现为以下几个方面。

一是发展社会兜底性养老服务。通过完善新农保、新农合、社会救助和社会福利等社会保障制度，强化对老年人口的社会保障；同时，各地方政府根据本地实际，建立能够满足养老需求的公办养老机构，强化公办养老机构的兜底保障作用。例如，W 县在实施针对农村老人的“五养八延伸”政策时，强化本县的公办医养服务中心建设，邀请符合条件的农村老人到医养中心养老。二是统筹养老服务体系的顶层设计。政府通过完善与养老服务相关的规章制度、政策法规，加强对养老服务体系建设、运营和发展的统筹指导和监督管理，健全养老服务体系规划。三是强化养老服务体系规划的实施保障。在五年规划实施期间，政府专门就养老服务体系作出规划，并通过加强党的领导、完善法治保障、强化组织协调、健全数据支撑、落实考核评估等举措，保障养老服务体系规划得以落地。

整体而言，政府统筹养老服务供给的水平不断提升，养老服务体系的供给能力不断得到增强，为农村老年人选择适宜的养老服务提供了条件。

国务院印发的《“十四五”国家老龄事业发展和养老服务体系规划》指出：“十三五”期间，我国养老服务体系不断完善，全国各类养老服务机构（包括养老机构、社区养老服务机构）和设施从 11.6 万个增加到 32.9 万个，床位数从 672.7 万张增加到 821 万张。就 W 县来看，2016 年 W 县人民政府印发了《关于加快发展养老服务业的实施意见》，提出：2016—2020 年，要加快构建乡村养老服务体系，支持社会力量进入养老服务领域，通过税收优惠、财政补贴、用地审批等多维举措，鼓励社会力量参与养老服务供给。并明确了养老服务业各项发展目标和责任单位，整体提升县级养老服务网络的供给能力，为县域人民养老提供坚实保障。

3.2.4.2 市场化供给逐步完善

社会养老服务体系是在政府主导下，由企业、社会组织、个体、村集体等多元社会和市场主体共同参与建设的。现阶段，我国仍处于老龄化社会的加速发展阶段，农村老年人口将近 1 亿人，且老年人口的比重和绝对数量还将继续上升。面对规模庞大的老年群体，社会和市场主体参与养老服务供给能够有效弥补政府在满足老年人口多样化养老服务需求上的不足。

与政府的基础性、普惠性、兜底性养老服务不同，市场主体作为营利主体，能够针对老年人口的高端性、特殊性、专业性养老需求，提供相应的养老服务，满足各层次老年人口的异质性养老服务需求。随着我国养老事业和养老产业的深入发展，由市场主体供给的养老服务不断向农村地区延伸，表现为：一方面，在政府兴办的养老院之外，市场主体针对中等以上经济收入的农村老人，建设专业性养老服务机构，提供康复护理、教育培训、安宁疗护等高端养老服务；另一方面，面对农村老人在养老用品上的特殊需求，相关产业主体研发了文化娱乐、旅居养生、日常保健等方面的产品，以供农村老人选择。农村地区养老服务市场化供给的不断完善，为发展、提升农村老人养老需求提供了指引与保障。

3.3 多层化：W 县农村养老保障需求变革的方向趋势

党的十九大报告提出要“积极应对人口老龄化，加快老龄事业和产业发展”。党的十九届五中全会将“积极应对人口老龄化”提升到国家战略高度，足以见得中央对养老服务的重视。相较于城市，农村地区养老是“养老保障”中的短板。在人口老龄化形势趋于严峻的情况下，农村养老问题的改善尤其值得关注。农村养老是一个宏大且复杂的系统工程，涉及老年人多方面、多元化的需求。农村老人从自身需求和处境出发，结合外部环境与家庭资源状况，会理性选择养老路径或策略（宋跃飞，2010），而供给与需求间的不契合会导致农村老年人的养老需求得不到有效满足。因此，农村养老保障建设应从需求理念出发，促成养老资源与老年人需求的有效结合。乡村振兴战略提出以后，农村养老保障向多层化变革的趋势愈加明显，主要表现在以下四个方面。

3.3.1 低层需求转向高层需求

马斯洛需求层次理论认为，人的需求层次从低到高分别为生理需求、安全需求、交往需求、尊重需求以及自我实现需求。在经济发展水平不高、物质生活条件匮乏的年代，低层次的保障型需求是老年人追求的养老保障，对应马斯洛需求层次理论中的生理需求和安全需求，包括衣食住行的日常生活服务需求以及生病就医、安全出行的安全保障需求等。

穆光宗指出，空巢老人生活质量保障网络需要两个条件：一是老人身体健康且能自理；二是发生意外有家庭或社区帮助（2002）。伴随着经济发展和社会进步，家庭生活条件、医疗保障水平等方面有了较大改善，人均寿命逐年提高，W 县农村老年人的养老需求逐渐向追求更全面的发展转变。即使是老年人，在满足了低层次养老需求的基础上，也会追求更高层次需求的满足，即出现需求层次理论中的交往需求、尊重需求和自我实现的需求。

W 县 F 村 72 岁的范某说："我住进了慈善幸福院，吃穿住都不愁了，现在就想着每天能有人聊聊天，有点事做，看看新闻跟上现代社会的步子。"（访谈编号 WLM20200730-F，根据 F 村范姓村民访谈整理）

从以上可以看出，老年人不仅有基本生活需求和健康需求，还需要亲人的关爱、亲人的陪伴；作为长辈，老年人渴求晚辈以及他人的爱戴和尊重，尤其是农村老年人更为突出。健康状况良好的老年人都有继续学习、追求梦想以及被他人认可的愿望，不愿因为年纪大而与社会脱轨。因此，现代化农村养老保障体系建设，应在把握老年人低层次需求基础上，不断对养老方式、养老模式和养老内容进行改进、创新，以满足老年群体更高层次的养老需求。

3.3.2 物质需求转向精神需求

物质生活条件和精神生活条件共同构成了老年人的生活环境（郭竞成，2012）。W 县新型城镇化建设逐步加快，县域内农村在逐渐向新型农村社区转变，潜移默化地改变了农村居民的生活境况，而生活境况的变化影响着农民对养老保障的需求。随着农村养老保障制度的不断优化完善，农村老人经济方面的需求得到一定保障。因而，农村老人除了生活照料、医疗健康需求外，精神慰藉与权益保障方面的需求正不断增长（谷彦芳等，2014）。同时，随着年龄的增长，老年人会逐渐丧失劳动能力，难以继续从事农业生产劳动，从而拥有大量的闲暇空余时间，进而产生参加娱乐活动以陶冶情操的需求。相关调查报告显示，当前农村空巢老人的情感感知总体较为消极，老年人的生活满意度较低、心理孤独感较强、自我负担感较重，处于“精神贫困”境况。由于空间距离阻隔，年轻子女给予空巢老人的精神慰藉大大弱化，老年人常处于一种“亚健康”状况。健康不仅是指无病无痛，更是身心健康与幸福的一种总体状态（杜本峰等，2013）。老年人精神“不健康”的状态严重影响到其生活质量和幸福感。可见，除了保障必要的物质生活条件之外，老年人还需要精神上的慰藉，精神需求能否得到有效满足是衡量老年人生活质量高低的重要依据。

与很多县域农村一样，W县农村老人家庭养老模式的突出特点便是老年人物质上的、经济上的给养较充足，而对精神层面的给养有所忽视。对于老年人而言，同样有精神方面的服务需求，包括文体活动、心理慰藉和权益维护等。这就是说，当下的养老保障需求已然不再简单地停留在温饱阶段，老年人对身心健康、社会交往和文化娱乐的追求逐渐显现。

W县D村的江某提到，“就想一家人热热闹闹地在一起，希望在物质上和精神上都过上有尊严的生活，晚年富不富有都无所谓”。（访谈编号WLM20200802-J，根据D村江姓村民访谈整理）

这从侧面反映出，农村养老保障和老龄服务工作已不仅仅是关注老年人的生活温饱，老年人的精神生活亟待关注。目前，农村老年人的精神文化生活有所改善，从内容、形式以及方式等方面来看，均呈现丰富化、多样化特点，呈现向好趋势。

3.3.3 一般需求转向特定需求

一般而言，生活照料是老年群体的普遍需求，是共性需求。这一需求与老年群体的生理、身体状况密切相关，老人需要他人协助才能顺利完成饮食起居和克服日常生活障碍。老年人的生理功能随着年龄的增长而逐渐衰退，依赖性越来越高，越来越脆弱（张秀萍等，2006）。一方面，随着年龄增长，老年人对于养老的需求会发生一定变化，养老需求逐渐呈现差异性。随着年龄增长，老年人的身体状况会发生显著变化，健康状况对老年人生活质量和养老需求的影响尤为明显。根据健康状况老年人会产生“帮干重体力活”“代购日常物品”“洗衣做饭”等日常生活需求，以及“健康知识讲座”“上门诊治”“定期检查”“生病时的照顾”“急病或大病救助”等特定的医疗保障需求。另一方面，老年人是独立个体，老年群体存在较大的差异性，每个老人各有其自身的独特性，因而会产生差异性的特定需求。笔者走访调查了解到，针对养老地点的选择，农村老人会考虑自己的养老条件，在居家、社区和养老机构之间作出不同的选择。身体健康的老人大多愿意居家养老，有条件的老人则会就近选择社区养老，失能或半失能的老人在选择养老机构时还会考虑养老机构的康复医疗条件。笔者还了解到，县域内60~69岁低龄老年人，对休闲娱乐活动、文化活动等需求较大；患有慢性疾病的老年人则对健康讲座、康复医疗等护理服务有需求；对于离异、丧偶的老年人来说，更需要心理疏导、电话探访等心灵安慰类服务；对于与子女关系紧张的老年人来说，需要的是法律层面的援助和精神慰藉。

W县E镇的何某说：“我和妻子无儿无女，靠养老金和低保维持生计，就希望能解决一些农事问题，能有点收入，还希望晚年能有人照拂。通过村两委的牵线搭桥，现如今我们有了收入来源，还与本家孙子签订了亲养协议，养老问题没有啥后顾之忧了，都解决了。”（访谈编号WLM20200805-H，根据E镇何姓村民访谈整理）

2019年，我国进入养老服务精准化推进阶段，以瞄准老年群体的特定需求为目标，进行深刻而具有现实意义的养老服务变革（于建明，2020）。地域化差异、农村老年群体条件的差异，导致其需求具有不完全一致性的特点。老年群体年龄、家庭经济条件、身体健康状况和居住状况不同，必定会产生特定的需求，养老服务保障不能仅关注一般性养老服务，而应该在保证农村老人共性需求得以满足的前提下，促进养老供给在满足老年群体特定需求层面实现转变和升级。

3.3.4 单一需求转向综合需求

伴随时代变迁，农村老人的传统观念和养老选择开始发生转变（陈成文等，2007）。“养儿防老”这一传统观念开始改变，但人口老龄化快速发展，高龄、空巢、失能老年人与日俱增，老年人的养老保障已不能再拘泥于养老送终，而应对老年人“慢慢变老”过程中的身心提供全方位的服务保障。以上对低层到高层、物质到精神以及一般到特定的需求转变的阐述，仅从老年人需求层级、内容和范围三个方面反映其需求的变化，而未来农村老人养老会对更综合更全面的养老保障提出更高的要求。

当前我国养老服务事业的发展仍滞后于人口老龄化进程，养老服务供给远远满足不了养老服务需求。一方面，马斯洛需求层次理论关于需求的层次化分析虽有一定的合理性，但认为需求层次为一种刚性的阶梯性上升结构却失之偏颇。各层次需要并不是递升式刚性结构，人们各类需求的满足并不完全遵循“高层次需求在低层次需求满足之后才能满足”这一规律，而是同时会受多种需求共同支配。单一的、逐层的养老需求供给，已然不能满足当代老年人的需求，农村老年人综合性、多功能养老服务需求正逐步显现；同时，由于需求的不同，老年人个性化、差异化的养老服务需求也随之体现。W 县提出“医养结合”养老模式，将养老与医疗相结合，实现医疗资源与养老服务的功能整合，便是为契合当下县域范围内老年人的养老服务需求。另一方面，跳出老年群体需求角度，从社会层面来看，现阶段的养老服务不仅包括家庭养老服务，还包括社会养老服务，而社会养老服务又包括居家、社区和机构三种养老服务模式。

W 县 S 村 73 岁的王某谈到自己现在的状态非常激动，“我一个孤寡老太太，有国家好政策、好干部、好邻居，我不怕没人管!”（访谈编号 WLM20200810-W，根据 S 村王姓村民访谈整理）

可见，服务模型的实践创新，彰显了单一的养老服务供给正向更为全面的、综合的养老服务转变，高层次与低层次、物质的与综合的、一般化与特定性需求并重且兼有，单一的经济供养、物质满足必然向经济供养、生活照料、精神慰藉等多层面并重转变。

为顺应以上养老需求变革，W 县立足于县域实情，从实际出发，积极面对农村人口老龄化挑战，打造具有鲜明特色的“村级+慈善+政府+个人”四级联动新型农村养老保障服务模式。一是扶贫工作与养老工作相结合，高标准解决特殊人群的医养问题。W 县采取亲情托养、邻里托养、慈善托养、包帮托养的模式，借助延伸公益性岗位、培训就业、创业发展、金融贷款、家庭医生、医疗救助、社会救助、慈善救助重点解决重度残疾人的脱贫和养老问题。截至目前，全县 465 户兜底户已全部签订五养协议。签订集中医养、亲情托养、邻里托养、慈善托养、包帮托养等类型协议共计 506 份，具体如图 3-1 所示。亲情托养、包帮托养占比最高，达 84.02%，体现该县供养模式以亲情托养、包帮托养为主，其他模式为辅。同时，通过“五养八延伸”协议的签订，从法律和制度层面上帮助兜底户稳定脱贫，实现老有所养。

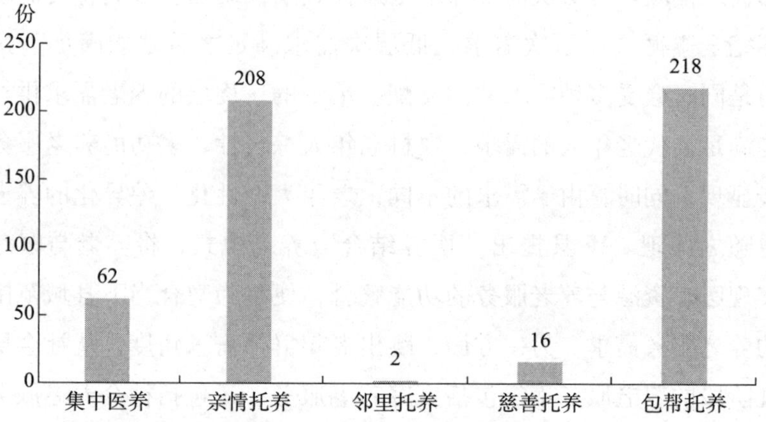

图 3-1　W 县针对特殊人群签订的各类供养协议分布

资料来源：根据访谈资料整理所得。

二是规划建设慈善幸福院，尽可能满足普通人群养老需求。慈善幸福院统一配备各类活动场地，娱乐、休闲以及医疗保健设施，保障老年人生活得舒适、舒心。以村级慈善幸福院为平台，村两委定期举办“饺子大餐”、“孝慈文化推广”、趣味运动会等活动，以活动营造气氛、扩大影响，传承孝道文化，弘扬社会正能量，营造良好的养老文化氛围。

三是“养老”与“管小”相结合，优先满足特殊群体的个性化需求。W县将167所儿童之家“嫁接”到慈善幸福院，一方面，幸福院从生活照料、文化娱乐和精神慰藉等方面满足入住老人的养老需求；另一方面，孩子们放学后和假期可以到幸福院学习游玩，一定程度上既解决了留守儿童的管护和培养问题，也让幸福院增添了几分活力，缓解了老年人无家人陪伴的寂寞。W县针对不同的老年群体，区分普通型和特殊型老年群体，提供相应的养老服务，精准定制、因需施策，在解决老人养老问题的同时，通过多样化“相结合”方式，一并完善了扶贫工作、儿童关爱工作，实现了养老服务“医养一个人、解放一群人、幸福一家人”的目标，对于构建新时期供需均衡的多层次化养老保障体系具有较大的参考价值。

3.4 小结

本章重点从类型化、根源性、多层化三个维度展开论证，对W县农村养老保障需求给予全景式呈现，提炼了类型化基本样态，即不同条件、群体和地域下的农民养老保障需求呈现特殊性、差异性及多样性；同时，对影响W县农村养老保障需求发展的因素作了重点阐述，即缘于农民收入状况、风险意识、社会赡养理念、政府统筹与市场供给等因素的综合作用；据此，对W县农村养老保障需求的变革发展作了多层化展望，具体为低层需求转向高层需求、物质需求转向精神需求、一般需求转向特定需求、单一需求转向综合需求。

第 4 章

W 县农村养老保障的供给

国家实施乡村振兴战略以来，各地因地制宜地开展了各种实践活动，乡村各项事业快速发展。地方政府结合精准扶贫和全面小康战略，进行了各种养老模式创新。本章结合 W 县养老保障发展的具体情况，从供给视角出发，从农村养老保障供给主体、供给对象、供给内容和供给模式的价值性四个方面对 W 县农村养老保障供给给予深入细致的描绘，以便清晰地呈现农村养老保障供给的基层实践样态。

4.1 多元化：农村养老保障多元供给主体

随着医疗、护理等服务费用的上涨，家庭养老负担过重，甚至难以承受养老负担。在此背景下，W 县政府、社会供给的养老服务资源逐渐下沉，农村养老保障供给模式逐步从家庭单一主体养老向地方政府、外部市场、民间组织、社区、农户家庭等多元主体协同养老转变，养老保障的多元供给主体格局在合作与互动中逐步形成。

4.1.1 地方政府层面供给

政府是农村养老保障服务体系的核心主体，政府的供给保障是多方面的，不少研究者对其进行了深入系统的研究。但综合来看，现有研究关注的焦点依然是政府在农村养老保障供给中的缺位和越位。从政府供给职能的缺位来分析，政府应当承担的养老责任可大致分为两部分：一部分是独立供给责任，如政府应该承担的财政责任、基础养老设施供给责任、福利性养老服务供给等；另一部分是协调供给责任。在多元主体的供给中，政府要通过政策协调好各主体的关系，使供给效率达到最优。如果政府供给责任缺失或者不到位，则会出现政府供给失灵。崔艳蕊等（2012）认为民营企业、慈善组织、志愿者服务等进入养老服务行业后，政府缺乏有效的统筹协调及必要的政策支持，如税收、土地、水电费方面的配套政策支持，以致相关供给主体负担较重，养老保障供给的能力受到限制。

W县政府在振兴乡村实践中充分认识到养老服务的严峻形势，通过政府宣导、优惠政策、资金支持等方式，持续性支持社会力量参与养老保障服务供给。W县政府通过《W县人民政府关于加快发展养老服务业的实施意见》，对发展全县养老服务业的指导思想、基本原则、总体目标、主要任务、落实扶持发展政策和保障措施等做了全面详细的规定。分析该文件内容可以看出，W县政府对在乡村振兴背景下，基层政府如何有效承担养老服务供给的责任有着较为清晰的认识。例如，从该实施意见的主要任务可以看出，政府在W县农村养老服务供给的核心作用，主要包括四个方面：一是构建农村养老服务体系；二是完善县级养老服务网；三是支持社会力量进入养老服务领域；四是重点推进“医养融合”发展。同时，W县制定了农村养老保障服务的具体扶持政策，主要包括三点：一是落实养老服务用地政策；二是完善落实财政扶持政策；三是落实税费优惠政策。①

在农村养老服务供给中，W县政府充分发挥自身创新引领作用，在制度供给上进行创新。一是利用自身的三级联动机制以及慈善救助新模式，形成了四级联动的新型农村养老服务模式，如W县民政局是实施乡村振兴战略领导小组成员之一，立足部门职能，突出抓好乡风文明、治理有效，为日益凸显的农村养老问题提供支撑。W县创新提出“村级+慈善+政府+个人”四级联动新型农村养老服务形式，为农村广大老年人提供用餐服务、生活照料、休闲娱乐等养老保障。二是将乡村振兴与精准脱

① 验收合格的给予10万元一次性建设补贴，对于运行良好的社区居家养老服务中心，按照每月每平方米10元给予运营补贴。

贫有效结合，按照“政府主导、社会参与，因户施策、不漏一人”的原则，调动多方力量，整合各类资源，开创了“五养八延伸”的养老模式。

4.1.2 外部市场层面供给

外部市场层面的供给主体主要是营利性养老机构。随着人口老龄化速度的加快，家庭难以独自承担养老压力，养老服务市场应运而生。尤其在国家出台多个关于促进养老服务业发展的政策文件后，大量民间资本涌入农村养老服务市场。《关于全面放开养老服务市场提升养老服务质量的若干意见》明确提出要全面放开养老服务市场，降低准入门槛，放宽外资准入，精简行政审批环节，进一步改进政府服务，完善价格形成机制，加快公办养老机构改革，加强行业信用建设等。

W 县养老产业发展较早，2016 年 1 月，W 县在养老产业规划中就对社会力量提供多元化、专业化养老服务进行了政策性指导，不仅将养老服务业项目列为本地区服务业领域招商引资重点项目，而且对新建的社区居家养老服务中心给予资金支持，在税收、行政事业性收费、用电、用水等方面给予相关优惠政策。2016 年以后，W 县营利性农村养老机构数量迅速增加。

“民营的养老院现在差不多每个镇都有 1~2 家，部分位置较好的村也有，可以说，数量上基本上能够满足农村的需要。但规模普遍较小，多数投资额在 200 万~300 万元，条件差异也较大，很多养老院的入住率不是很高。主要是我们的补贴和优惠政策多。”（访谈编号 20210918，根据 W 县民政局副局长访谈整理）

养老资金补贴标准见表 4-1。

表 4-1　养老资金补贴标准

1. 加大对非营利性社会办养老机构的培育扶持，对取得养老机构设立许可证和民办非企业单位登记证书的社会办养老服务机构，给予建设补贴、运营补贴、养老护理岗位补贴和资金奖励。

（1）建设补贴。在本县区域新建（包括自建房和租用房）的社会养老服务机构，床位数达到50张（含）以上，经民政部门考核达标的新建社会养老机构，所用房屋是自建房的，每张床位发放一次性建设补贴2000元（分4年平均发放），所用房屋是租用房且租期满5年的，每张床位发放一次性建设补贴1500元（分5年平均发放）。接受补贴的社会养老机构5年内改变床位用途或养老机构性质的，由相关部门收回建设补贴（改扩建参照以上规定执行）。

（2）运营补贴。对入住老年人购买养老机构责任保险的社会养老机构（公办民营、公建民营养老机构参照执行），经民政部门考核达标的，根据入住户籍老年人实有数，按照自理老年人每月每张床位50元，半失能老年人每月每张床位80元，失能老年人每月每张床位100元标准，给予养老机构床位运营补贴。

（3）养老护理岗位补贴。对服务满6个月且取得养老职业资格证书的养老护理人员，按照高级、中级、初级不同等级，分别给予每人每月150元、100元、50元的养老护理岗位补贴。

（4）资金奖励。对管理规范、老年人满意度高并获得省级以上表彰的社会养老服务机构，给予适当资金奖励。

2. 对新建的社区居家养老服务中心（社区老年人日间照料中心），经民政部门验收合格后，给予10万元的一次性建设补贴；对运行良好的社区居家养老服务中心（社区老年人日间照料中心）按照每月每平方米10元给予运营补贴。

3. 对新建且开业运营的农村慈善幸福院，经民政部门验收合格后，给予2万元一次性扶持资金，从运营后的第二年起按照每月每平方米10元的标准给予运营补贴。

4. 通过政府购买服务方式，为“三无”老人、生活不能自理或半自理无子女照顾的低保老人、独生子女和计生双女困难老人、高龄老人、独居老人、失独老人、省级以上老劳动模范、重点优抚对象中生活困难老人以及其他生活困难的老人，按照每人每月100元标准购买养老服务

根据对乡镇的3所民营养老院的调查，W县农村养老保障市场供给存在的主要问题如下：一是部分民营养老机构的养老服务供给项目单一。多数民营养老机构专业水平有限，仅限于对农村老人的基本日常照料，无力提供专业科学的养老服务。工作人员数量严重不足，平均一个工作人员要负责6~8个甚至更多老人的生活照料。二是农村市场化养老服务缺乏完善的制度体系。当前农村养老服务机构缺乏统一的准入标准，W县在审查民办养老机构资质的过程中，既没有拟定统一的标准，也没有进行严格审查。三是市场化养老服务与政府养老服务之间合作的契合度有待提升。

4.1.3　民间组织层面供给

民间非营利性组织供给的养老保障服务具有专业性、灵活性等优势，能够有效补充家庭养老、政府养老的不足，具有不可替代的作用。但非营

利性组织的资金来源有限且不稳定，很多民间组织主要依靠政府提供资金支持，人、财、物力不足，导致其参与农村养老服务的能力有限。在 W 县养老产业发展过程中，民间组织层面的供给优势明显，尤其是对特困人群的养老供给方面，基层慈善组织发挥了举足轻重的作用。慈善幸福院的前身是“村级慈善工作站”，建设初衷是为农村贫困人群提供帮扶。2011 年以来，政府将慈善组织建设作为主要工程项目之一，县、镇、村三级联动，2012 年 W 县已经完成了全县 256 个村慈善工作站的建设，筹集资金 1516 万元。政府出台了《关于基层慈善组织网络建设的实施意见》《农村慈善帮扶基金管理办法》等一系列文件。以“七个一”标准（一个班子、一块牌子、一个阵地、一本台账、一套制度、一个公示栏、一支慈善义工队）对慈善工作站进行规范化建设。在村级建立慈善工作站，不但可以将社会资源进行有效整合，而且可以动员社会力量，将其吸纳入关爱弱势群体的慈善事业中，对政府临时性救助形成重要补充，营造一个全方位关心、救助孤寡贫弱群体的氛围和机制（张荣举，2012）。慈善工作站升级为慈善幸福院之后，延续了三级慈善平台的工作模式。

当前，慈善工作站的主要任务是募集资金支持农村养老产业。2019 年，W 县政府相关单位、各幸福院所在的村庄，通过举办各种活动积极筹措善款资金。W 县不仅以捐资最高的爱心人士的名字命名幸福院，还根据捐资额度为爱心人士颁发金、银、铜奖牌，并通过功德碑和功德墙等形式，推动民间资本注入。此外，通过慈善养老院这一载体，其他类型的志愿者服务组织、民间行业协会等社会组织也以公益参与等方式参与 W 县的农村养老。2020 年国务院所作的《政府工作报告》强调以“支持社会组织、人道救助、志愿服务、慈善事业等健康发展”来“加强和创新社会治理”。整体上看，由于我国农村地区公益性民间组织力量薄弱，在参与农村养老产业的发展过程中多数需由政府通过各种方式鼓励、引导、支持和培育，对政府具有较强的依赖性，民间社会组织提供养老服务的独立性不强。但从养老服务供给的角度看，民间社会组织在提供社会福利方面，是一个独立运营主体。养老服务类社会组织需要增强自主意识，增强自主决策、自我管理的能力，积极与政府、市场等养老服务供给主体建立平等合作的关系，共同构建多元化的养老保障供给体系。

4.1.4 农户家庭层面供给

影响农户家庭层面供给的三个因素为：一是劳动力外流，家庭的代际养老功能弱化。由于农村劳动力大量外流，年轻人无法照顾父母，留守老人被迫开展自我养老或配偶养老。但老龄化越来越严重，农村失能老人的比例不断增加，而家庭养老功能的弱化，使得农村养老形势日趋严峻。二是家庭规模变化，子女承担的养老压力更大。2015 年国家卫生和计划生育委员会（2018 年 3 月，组建国家卫生健康委员会）发布的《家庭发展报告》显示，我国农村户均规模已经降为 2.79 人。“四二一”“四二二”家庭结构导致供养系数和老年赡养系数上升（曲延春，2019）。三是孝老敬亲观念的变化。由于代际生活方式、文化观念等不同，年轻人赡养父母的意愿逐渐下降，部分家庭甚至不赡养老人。W 县作为中部地区的农业大县，交通较为便利，大批农村中青年劳动力向城市转移，农村家庭结构发生深刻变化，家庭小型化日渐明显，家庭成员代际孝养义务观念淡化。作为农村主要养老方式的家庭养老，其作用空间逐渐缩小甚至力有不逮。

根据 2016 年全国第四次城乡老年人生活状况抽样调查结果，农村空巢老人在老年人口中的比例高达 51.7%。提供物质保障和精神慰藉的家庭养老供给内容减少，而与此同时，农村老年人的养老服务需求不断增加。现阶段，W 县农村老年人居家养老难以满足其养老需求，而政府所提供的养老保障也极其有限，社会组织、市场等所提供的养老保障的重要性日益凸显（秦智颖，2015）。

4.1.5 社区互助层面供给

从广义的角度看，家庭养老也属于农村社区养老，部分研究者称之为农村社区居家养老。但是农村传统文化深刻影响着农村养老模式，尤其是传统文化、关系等决定了社区化养老模式（刘智勇等，2019）。从社区互助层面来看，农村社区养老主要涉及社区层面的养老提供。受传统习俗影响，乡村振兴背景下，农村社区养老具有明显的优势。《国务院关于加快发展养老服务的若干意见》（国发〔2013〕35号）明确规定量化了农村社区设施和站点具体指标。[①] 2020年，中央一号文件再次明确发展农村互助式养老、多形式建设日间照料中心，改善失能老年人和重度残疾人护理服务。随着国家不断增加对农村资源的投入，农村社区互助养老将成为重要的承接载体。

在W县“村级+慈善+政府+个人”创新养老模式中，农村社区是农村养老供给的主体之一。但由于绝大部分农村社区集体经济收入有限，直接提供养老服务的能力有限。因此，在四个养老供给主体中，乡村作为补充主体，主要依靠土地、房屋等资源提供养老。前期以闲置的学校、旧村委会、厂房等为慈善幸福院提供服务场所，后期通过出租部分土地取得的收入作为养老院日常运营的经费。此外，农村社区村委会、居委会还通过各种慈善平台，吸引乡贤、企业为养老机构捐款。然而，由于W县农村的基础设施不完善，现有的农村养老服务机构服务水平不高，服务项目单一，难以满足村民的养老保障需求。

一位退休在农村养老的干部说，“在这里，吃饭、洗澡、洗衣服等基本生活服务挺好的，但是一些病需要进行定期体检，提供长期护理服务，有点跟不上。可能是因为服务人员不够，也可能是缺乏专业培训吧”。（访谈编号WLM202000818-G，根据G村郭姓退休干部访谈整理）

4.2 多层化：农村养老保障供给对象的分类与管理

随着农民生活水平的提升，农民的养老保障需求不再局限于最低保障层面，养老需求日益多元化、多层化。因此，农村养老问题要坚持实事求是，不搞“一刀切”，需要根据当地的风土人情、风俗习惯、文化观念等，并结合个体的实际情况，因地制宜地优化养老模式（李云光，2012）。W县在探索多层次养老保障供给方面进行了一系列创新，并被认可推广。W

① 90%以上的乡镇和60%以上的农村社区建立包括养老服务在内的社区综合服务设施和站点，全国社会养老床位数达到每千名老年人35~40张。

县根据不同人群的需求进行养老供给，将农村人口大致划分为弱势人群、普通人群、高端人群和特殊人群四类，并形成了相互补充与支撑的政府统筹、慈善互助、市场配置、灵活托养四种养老供给方式。

4.2.1 弱势群体政府统筹

W县农村弱势人群主要指生活极度困难，几乎没有养老能力的老人。这部分人群多数没有固定收入，身体残疾或精神残疾，部分还有严重疾病。该群体的养老问题与精准脱贫、全面小康战略的实现直接关联，政府部门尤为重视。W县解决这部分人群养老问题的主要方式是政府兜底的集中“医养”。从需求层次上看，这部分群体是弱势群体，最基本需求是生理和安全需求。因此，对于这部分丧失自我养老能力的群体，主要依靠政府宏观统筹来提供养老保障。

《W县人民政府关于加快发展养老服务业的实施意见》要求通过政府购买服务方式，为弱势群体提供养老保障，发挥公办养老服务机构的托底保障功能，减轻弱势群体的养老负担。在实际做法上，自2018年起，W县按照“分类入住，就近帮托”的原则，在全县建立集中医养机制，为弱势人群提供医疗、保健、康复、文娱、养护“五位一体”的“医养”服务。基本方式是“县级统筹、部门联动、社会参与”，将日常生活不能自理、家庭无力照料的建档立卡贫困户纳入“医养”范围，利用原有的养老机构、乡镇卫生院等设立“医养”中心，为老年人供给医疗卫生、日常生活照看、康复护理等无偿服务。主要措施包括：一是资金投入。县委、县政府累计投入6000万元，按照“统一标牌标识、统一功能配置、统一设施配备”的标准，共建8个“医养”中心，拥有908张床位，基本能够满足全县贫困兜底户保障工作需求。二是实现应住尽住。积极为符合入住条件的建档立卡贫困重度残疾人提供良好的试住环境，鼓励他们入住“医养”中心。2020年3月，全县162位贫困重度残疾人全部入住，实现了应住尽住的目标。三是强化日常运营。出台集中“医养”资金管理办法，县财政统一资助标准予以保障，即肢残2600元/月、精神残疾1600元/月、智残2300元/月。运营费用主要由残联、民政等部门提供政策资金，缺口部分则由县、乡两级财政按2∶1比例兜底。

4.2.2 普通群体慈善互助

从更广义的角度看，农村老人多数属于弱势群体，W县农村养老模式创新是在对特殊困难群体帮扶的基础上逐步发展起来的。W县探索尝试农村养老普惠化最早始于慈善事业，基本路径是将对农村弱势群体的针对性帮扶逐渐扩展到对普通农民的普惠式慈善养老。自2011年开始，W县为缓解部分农村家庭的生活困难，尝试发挥慈善救助功能，建立了县、乡、村三级慈善救助机制，得到了政府的重视和强力推动，2011—2012年，政府将慈善进村作为为民办实事的重要项目。2012年4月，在全县256个村庄建立慈善工作站，这些慈善工作站成为W县村级慈善养老院的前身。2013年以后，W县开始将部分基础条件较好的慈善工作站改建为“慈善幸福院”，以满足更多农村老人的养老需求。“慈善幸福院”的建设坚持“源于实际、贴近实际、符合实际”的理念，以“低成本、广覆盖、就地入住”为基本原则。

在慈善幸福院的运营方面，充分满足普通农户养老需求的基本要求，坚持“政府扶持、慈善帮扶、村级主办、低偿服务、零利经营”。运营资金的来源包括政府拨款、社会募捐、企业资助、村集体补充，普通老人每月最低仅需缴纳100元，便能够入住慈善幸福院。W县财政每年专项支出200万元，以以奖代补的形式发放至各村慈善幸福院。政府为每家慈善幸福院提供5万元以上的家电、家具等生活设施。除政府扶持外，慈善募集是慈善幸福院的重要资金来源，县直各部门以及各乡镇（街道）、企业、村街广泛开展各类活动，积极为幸福院筹款，每年所募集的资金呈上升趋势。如在2020年“99公益日”活动中，W县通过精心筹备、广泛动员、全面宣传和积极落实，共动员67.8万人次参与为期三天的活动，募集善款2369余万元，连续两年成为全省县级慈善协会、项目筹款“双第一”。W县大力激活民间资本，考量捐资人及捐资额度，并以捐资人名字命名幸福院。例如，河南四合印务有限公司、河南车邦有限公司每年分别为G乡D村、Y村慈善幸福院提供助老资金2万元。由企业资助的慈善幸福院高达

18 家。村集体高效盘活土地等资产资源，为幸福院提供日常费用补贴。

4.2.3 高端群体市场配置

W 县民办养老机构是通过市场配置形成的可提供高端养老服务的养老机构。基于 W 县不同人群的养老需求，W 县民办养老机构分为多种类型，主要包括位于县城的高端养老中心和乡镇的营利性养老机构。

W 县养老中心位于县城，是该县规模最大、设施最完备、服务水平最高的民办养老机构。2015 年 8 月开始运营，一期投入床位 400 张，入住率达到 60%。该养老中心是结合护养、医养、学养、乐养的高端养老机构，由养老机构和新区医院构成，养老机构又分为养护区、老年活动中心、康复理疗区、室外活动区、种植区五大区域。该养老中心不仅拥有先进的养老基础设施，还有经验丰富、专业水平颇高的服务团队；不仅有持证上岗的管理人员、养老护理员照顾老年人的起居，还有医师、心理咨询师、康复师、营养师等专业技术人才，为老年人提供全方位的服务。入住该机构的农村老人占比为 10%。

民办养老机构多设在乡镇，建筑面积多数在 1500~2000 平方米，能够容纳 100~300 名老人，配备有各种养老设施，能够满足老人的多样化需求。如心连心养老中心位于西陶镇，该养老机构占地面积 6000 平方米，建筑面积 1580 平方米，投资 208 万元，可容纳 120 名老人。该中心设有不同类型的房间，并配备空调、暖气、洗浴等生活设施。有专职工作人员 15 人，其中医师 1 人，护工 10 人。木城养老院位于 W 县西部城郊，规模设施与心连心养老中心大致相同，设施相对完备，有图书馆、健身房和老年活动室。多数民办养老机构根据护理级别收费：全自理级别 1200~1500 元/月，半自理级别 1600~2500 元/月，全护理级别 2600~3000 元/月。

4.2.4 特殊群体灵活托养

这里的特殊人群分三种情况：一是符合入住条件，但是不愿与亲人分开，愿意居家养老而未入住养老机构的；二是不符合入住条件，自身情况并未达到“医养中心”鉴定评估要求的；三是入住后家庭仍然困难的。这类贫困户按照脱贫攻坚要求，必须进行一对一帮扶。

我们按照县委县政府的要求，按照“精准定制、一户一策”的具体思路，对一些困难兜底户，多措并举采取了“亲情托养、邻里托养、慈善托养、包帮托养”四种兜底模式，筑牢了兜底保障线。（访谈编号WLM20200711-W，根据W县民政局王姓副局长访谈整理）

五种托养模式都通过签订协议的方式形成法律约束力，并基于有效监督机制使托养关系持续存续。W县政府在多次调研的基础上，发现贫困户、兜底户之所以脱贫难，返贫风险主要集中在以下几个方面：一是贫困兜底户因病、因残、缺劳力致贫居多；二是贫困兜底户收入来源单一，依靠低保金、特困供养金、残疾人两项补贴等政府兜底救助占比高，工资性、生产经营性收入占比低；三是“等靠要”惰性思想严重，因循守旧、得过且过的心理限制了其主动脱贫的自觉性。结合W县医养实践经验，在全县实行了“五养八延伸”工作机制，为兜底户提供养老保障，助其稳定脱贫。

同时，建立了重度残疾人随访和动态管理机制，积极动员符合入住条件的建档立卡贫困重度残疾人入住“医养”中心，并提供县级财政资助。对于不符合入住医养中心条件或不愿入住的兜底户，根据“一户一策、精准定制”的原则，积极拓展托养模式、完善医养政策。分类建立台账和“五养八延伸”数据库，登记造册。亲情托养和邻里托养方面，明确签订协议人员对兜底户的衣食住行医葬六方面的托养义务，同时对兜底户房屋土地等财产享有继承权，对各类延伸政策享有享受权；慈善托养方面，由村级慈善幸福院负责提供相应的生活照料、文化娱乐、精神慰藉等服务；包帮托养方面，由包帮家庭负责照顾帮扶对象的生产、生活，提高其经济收入等，明确包帮家庭成员对政策享有享受权。没有托养或联养需求的贫困兜底户与村两委干部、爱心人士等签订包帮托养协议。截至2020年6月，全县范围内465户兜底户全部签订了正式的五养协议。通过与农村老人签订“五养八延伸”协议，以法律和制度形式确认了托养关系，有效保障了农村贫困兜底户老有所养，解决了他们的后顾之忧。W县将监督管理作为推动“五养八延伸”的重要环节，由县文明办和创建办借鉴“争当脱贫光荣户，文明勤劳奔小康”星级评定活动机制，建立兜底户“五养八延伸”评比机制，作为乡风文明建设的重要内容。发挥社会、帮扶单位和媒体的监督作用，对托养人员形成正向约束机制，引导参与者树立正确的参与理念，充分发挥村两委和邻居的监管效用，健全体制机制，强化常态化的考核评比。同时，充分依托慈善组织力量，整合发挥慈善扶贫的特殊优势，积极动员爱心人士捐献慈善资金，同时县乡两级通过以奖代补的方式对帮扶家庭给予奖励补助。

W县J乡机关干部金某谈道：“俺本家侄子金某，因残致贫，家中两口人，他自己肢体四级残疾，儿子精神二级残疾，两人依靠政策补助过生活，被俺乡定为兜底户。金某符合重度残疾人托养标准，乡村两级协调为他办理了入住手续，住了一个星期发现不适应集中托养的模式。我主动提出扶养父子两人，并签订了协议，现在两个人的生活状态好多了。”

J乡村的刘某谈道：“我家三口人，俺媳妇和俺闺女都是智障，干不了活儿，就我自己在家里干活，在村周围打打零工，收入主要来自村里给的补助金。自从县里有这个好政策，村委会就让我们去医养中心生活，现在母女俩都在里面，有人负责吃、穿、用，别提多好了。”

许某是贫困兜底户王某的邻居，是城北小学的一名老师，平时孝顺公婆，为人善良勤劳，笔者访谈时她谈道：“王大娘平时都是自己在家，老伴儿早早过世了，一辈子无儿无女，看着心酸。俺家平时做啥好吃的，我都想着她，给她端过去，帮她搬点重东西，老人每次都可高兴了。看着她高兴，俺晚辈也开心，能帮一点是一点。这不，村里说要帮扶这些困难户，俺就早早地报名了，俺愿意照顾王大娘。”王大娘逢人就说：“俺一个孤寡老人，都是小许一家把我照顾得这么好，就像俺亲闺女一样照顾我，真是远亲不如一个好邻居啊！感谢国家的好政策、好干部，我不怕没人问了，听说政府不亏待小许，俺的心算是放下了。”

灵活托养适应了农村熟人社会的传统，多数老人倾向于居家养老。从签订协议的类型可以看出，亲情托养和包帮托养占比在80%以上。这种养老模式基于农村的血缘、地缘以及利益关系，顺应了农村养老的基本趋势，对解决农村贫困家庭老人的养老问题具有重要意义。以亲情托养为例，亲情托养往往发生在孤寡老人与关系较近的晚辈之间，彼此之间不仅有天然的亲近感，而且通过托养协议，进行利益互换，双方都能获益。以下为摘自亲养协议中甲乙双方的责任和义务。

（一）甲方的权利和乙方的主要义务

1. 甲方有在有生之年被乙方悉心照顾、安享晚年和亡故后按照习俗安葬的权利。

2. 自××年××月××日起，甲乙双方开始共同生活（或者分开生活），生活费用全部由乙方承担。乙方全面负责照顾甲方的生活，积极履行对甲方的经济供养、生活照料和精神慰藉的义务，保证甲方的生活水平不得低于乙方家庭成员。

3. 在协议履行期间，甲方的经济收益，由甲乙双方共同协商使用（具体情况具体协议）。乙方不得要求甲方承担力所不及的劳动和家务。如甲方为无民事行为能力人，可按照法律程序，由村民委员会指定乙方为监护人。

4. 协议履行期间甲方生病，乙方应及时给予医治，承担全部医疗费用并负责治疗期间的生活照料与护理。甲方日常检查、就诊、买药由乙方负责，费用乙方自理。甲方大病需住院治疗的，乙方没有时间或条件亲自护理的，由乙方聘请专人护理，护理费用由乙方承担。

5. 甲方正常生活不能自理的，由乙方负责日常护理。乙方不能亲自照料甲方的，应当征求甲方的意见，尊重甲方的意愿，请人代为照料，并及时支付所需护理费用。如甲方丧失民事行为能力，由乙方负责照顾护理。如乙方为多人的，乙方之间可以协商由一人护理，其余未护理的应支付相应的护理补助，补助数额由乙方共同协商确定。

6. 甲方体弱多病行走不便、生活不能自理的，乙方要及时给予医治、照顾和精心看护，在精神上关心甲方，不得粗暴对待甲方。

7. 协议履行期间，对甲方的亲养行为，乙方应自愿接受村民委员会管理指导。乙方应每月主动向村民委员会汇报亲养情况，如有突发情况，应随时汇报，不受时间限制。甲方可以就乙方亲养行为与村民委员会随时沟通。

（二）乙方的权利和甲方的主要义务

1. 甲方愿将自己的房屋×间，建筑面积××平方米，以及房屋中的一切家具杂物（×件），存款×元，在甲方亡故后全部赠予乙方。甲方亡故后甲方所有财产所有权转移乙方，由乙方自由支配。如甲方有责任田的，在国家法律政策范围内，由乙方耕种。如乙方为多人时，乙方所受赠财产，按照法律规定分配，或由双方协商分配。甲方在世时享有居住权、使用权，乙方不得干预。甲方在协议期间不能处置以上所述财产。

2. 协议履行期间，未经乙方同意，甲方不能将上述财产转赠他人，甲方过世后其所有财产所有权按照协议归乙方所有（另有协议的按照协议执行）。

3. 乙方在协议履行期间享受政府因其亲养甲方所给予的补贴及金融、医保、民政、教育、卫健、人社、残联等扶贫部门的优惠政策。

4.3 多样性：农村养老保障供给内容的兼顾与均衡

随着农村人口老龄化的加剧和农村养老服务需求的发展，农村养老保障出现了有效供给短缺、供需结构错位、供给模式创新不足等问题，迫切需要加强农村养老保障的供给侧改革（孟沙沙等，2019）。乡村振兴背景下，提供符合农村老人需求的物质和精神层面的养老服务是解决供需矛盾的关键。只有物质层面的供给与精神层面的供给两者兼顾，才能有效地保障农村养老供给的均衡性。

4.3.1 物质层面的供给

作为中部地区的一个农业大县，W 县在创新农村养老模式过程中，首先关注的是农村老人物质层面的需求。为解决农村老人，尤其是患有严重疾病和家庭贫困老人的生活照料、健康照护和高端医疗等方面的问题，结合精准扶贫战略，W 县将农村弱势群体的精准帮扶作为重点工作。对于这部分群体，生存保障是其基本需求。因此，W县在探索创新多种养老模式的过程中，把核心工作放在通过政策引导，将有限的财政资金和物质资源投入农村养老事业中来，通过建设农村养老基础设施，满足农村老人养老的基本需求。以慈善幸福院为例，W县建设慈善幸福院的基本要求如下。

一是坚持因地制宜。立足当地实际情况，充分考虑村庄现有的基础条件，避免超越客观条件的“一刀切”。针对条件较为成熟的村庄，着眼于打造高标准、示范性的慈善幸福院；而对于现有条件较为一般的村庄，则立足于既有基础上的设施改造提升。例如，D镇Z村将既有的农家庭院改建成为慈善幸福院；Z镇B村、S乡L村把村里的旧学校改建成为慈善幸福院；X乡D村把村里的旧祠堂改建成为慈善幸福院。

二是注重规模适度。按照满足需求、量力而行的原则，既不贪高求大，也不好高骛远。既要求慈善幸福院建设不低于300平方米，能够满足当地农村养老服务需求，又要求立足村庄具体情况，注重实际效益发挥。例如，G乡D村根据老年人较多的实际情况，于2019年投资165万元，建设了面积达2000平方米的慈善幸福院；X乡Z村经济条件一般且老年人口较少，建设了面积约1200平方米的慈善幸福院，可供40余名老人同时活动。

三是强化功能配套。按照方便生活、规范统一的要求，规范化配备必要的休闲活动场所。在慈善幸福院，统一配备了“五室一场”等基础设施，方便农村老人休闲娱乐、活动健身，能够满足基本的医疗服务需求，确保老人住得舒适、安心、方便。

慈善幸福院的建设，立足本地实际、坚持因地制宜，紧扣需求，把慈善与养老服务有机结合，为农村老年人提供多样化养老保障服务，形成了独具特色的“政府+村级+慈善+个人”养老保障新模式，村级慈善幸福院项目荣获第九届中华慈善奖。作为公益性社区养老机构，其物质方面的供给水平虽属于较低层级的，但其数量较多，设置灵活，为农村老人，尤其是经济收入一般的老人提供了较为便利的养老服务。结合W县慈善幸福院模式的发展历程，从W县农村养老服务供给侧角度来看，W县对家庭互助养老、社区养老、机构养老和政府养老多种模式进行组合，可相互补充和支持，形成了政策和财政的合力。整体上看，多主体、多层次的养老供给，农村养老公共服务设施的持续投入改善，一定程度上解决了农村老人养老保障的物质供给问题。

W 县民政局王姓副局长谈道："我县将村级慈善幸福院建设列入民生工程和乡村振兴战略重点项目予以实施。出台了《W 县加快发展养老服务业的实施意见》和《W 县慈善工程指导意见》等文件，在资金筹措上坚持多元化，'政府扶持、慈善捐赠、乡村补充与企业帮扶'相结合，个人每月缴纳 100 元，即可入住慈善幸福院。各村干部在中间作为桥梁引导在外成功人士捐助，村两委利用慈善幸福院这个平台承办饺子大餐、公益演出等。老人们感觉特别开心，我们工作得也起劲儿。"

4.3.2 精神层面的供给

精神需求是农村老人的较高层次需求，那些身体健康、经济条件良好的老人对精神层面的养老需求更加强烈。为深入分析精神层面需求保障，需要对农村老人的精神需求进行类型分析。马斯洛的需求层次理论，为农村老人精神需求类型化提供了依据，其按照精神需求的强弱，将人的需求划分为家庭伦理、心理调适、文化娱乐和社会参与等四类（林瑜胜，2016）。这一类型学划分，为分析认识精神需求保障提供了重要参考。在实际中，W 县不断加大满足农村老人精神需求方面的工作力度，通过推广孝慈文化、制定文化食谱、推动社会参与等措施，丰富拓展农村老年人的精神文化生活，推动实现精神共同富裕。

家庭伦理需求方面——推广孝慈文化。将推广孝慈文化作为建设乡风文明的重要抓手，建立孝慈文化公园，在乡村主干道、公园等显要位置设立光荣墙，让评选的年度孝慈人物上光荣墙，并组建宣传队伍，树立典型，持续宣传推广孝慈文化，使孝慈成为百姓的价值取向和社会风尚。各级各部门各基层党支部，积极依托党员、社会义工、爱心人士组建志愿服务队，定期开展各类关心关爱老年人的志愿服务活动，持续开展免费理发、文艺演出、健康义诊等志愿服务，着力营造孝敬老人的良好氛围。

"W 群英会"、"TNT"美发沙龙、"大爱无疆、孝行天下"等志愿者社会义工团队，通过为老人洗脚、按摩、帮厨、发放爱心礼物等形式，传承孝道文化。例如，D 乡依托慈善幸福院组织了"幸福大讲堂"活动，宣传推介孝慈文化；同时，组织服务队伍深入各村开展志愿服务、宣传宣讲，营造良好的文化氛围。X 乡利用"董永故里"优势，组织讲师走进各村幸福院传播孝道文化，获得广大群众的好评。孝慈文化促进了村风民风的转变，社会风气得到明显改善。

文化娱乐需求方面——定制文化食谱。为丰富农村老年人的精神文化生活，提供定制化、套餐化的文化食谱，W 县定期开展戏曲、电影等进院服务，组织开展形式多样的文体活动，让象棋比赛、专题讲座、手工剪纸等走进慈善幸福院，丰富慈善幸福院的活动内容。例如，九九重阳节前夕，全县各乡镇、村街相继举办"变个花样过重阳，老年人趣味运动会"，开展"穿针引线、快速包饺子、筷子夹玻璃珠、端乒乓球、投掷沙包、简易保龄球"等比赛，既锻炼了农村老年人的身体，又愉悦了其心情。

社会参与需求方面——依托村级慈善幸福院，积极探索拓展幸福院服务功能。将慈善幸福院建设纳入全县乡风文明示范村创建活动，为老人提供了发挥余热的平台，老人们参加乡村环境卫生整治、家庭矛盾纠纷调解、信访疑难问题化解，为农村工作注入了新活力。让老年人开展力所能及的劳动、民调等工作，让老人老有所为。同时，县委、县政府根据乡风文明示范村创建情况，为 67~79 岁老年人发放奖补资金，提高老年人参与乡村治理的积极性，提升其获得感、幸福感。

4.4 价值性：农村养老供给模式的样态与效度

当前，我国农村养老服务体系大体由居家养老、社区养老与机构养老等构成，具有多层次性、复合型特点（杨帅华，2019）。乡村振兴背景下的养老服务供给将居家养老、社区养老和机构养老结合起来，提供不同层次的养老供给服务。W 县的养老模式，以三种养老服务形式的有机结合为理念，依据不同人群需要提供差异化养老服务，发挥多元主体的协同供给作用，实现了农村养老服务供给的多层次性，其价值主要体现在以下四个方面。

4.4.1 依托乡村振兴战略创新养老模式

乡村振兴战略的全面推进，既带动了农村养老保障需求的深刻变革，又为农村养老保障服务供给提供了重要契机。乡村振兴战略的实施，为乡村带来了政策资源，推动了农村社会的快速发展，推动了农村养老保障需求的多层次、多样化变革。同时，乡村振兴战略的实施，增强农村自我发展的能力，公共服务基础设施持续完善，农村具备了更加坚实的物质基础和外部条件，能够为农村养老保障需求的供给提供有力支撑。就此而言，乡村振兴战略的全面推进，对农村养老保障的影响是双方面的，既推动了农村养老保障需求的逐步提升，又为满足农村养老保障需求创造了条件。当前，农村养老保障服务供给和模式创新，都要立足乡村振兴这个大背景，持续推动农村养老保障模式的优化升级。

在乡村振兴背景下，要充分利用乡村振兴战略释放出的政策机遇、发展条件、岗位输出，为农村养老保障的模式创新提供重要借鉴。在指导理念上，要坚持系统理念，摒弃将养老保障与乡村振兴割裂的想法，在实际工作中把养老保障与乡村振兴有机结合起来，统筹推进农村养老与乡村振兴工作，让农村养老保障工作适应乡村振兴发展需要，让乡村振兴真正赋能农村养老保障。在工作重心上，把农村养老纳入乡村振兴战略一体考虑，把农村老人作为推进乡村振兴的重要力量。例如，发挥老人经验丰富、阅历广泛的优势，把传统的“床位式养老”转变为“岗位式养老”，让农村老人参与到力所能及的事务中，彰显自我价值。再如，将乡村振兴文化建设服务方式借鉴到农村养老服务中，变“供养式养老”为“融入式养老”，让农村老年人积极融入农村慈善幸福院中，以不断丰富农村老年人的精神文化生活，满足农村老年人群体更高层次的养老保障需求。

在乡村振兴实践中，W 县把农村养老作为乡村振兴战略的重要议题，统筹推进、一体谋划。例如，以农村“五老”参与乡村治理为载体激活农村老人参与公共事务的积极性，以“五养八延伸”为重要依托整合社会化养老力量，以四级联动为支撑拓展农村养老保障服务网络，持续推动农村养老保障模式创新，满足农村老人多层次多元化的养老保障需求。总之，整合利用乡村振兴的战略机遇，结合乡村振兴背景下农村经济社会发展的实际情况和农村养老服务保障的需求特点，不断优化农村养老保障模式，以便为农村老年人提供高质量的养老保障服务。

4.4.2 彰显政府在农村养老保障中的主导作用

政府作为公共服务的供给者，不仅要承担兜底保障的职责，而且要发挥指挥协调功能，更要引导多元社会主体参与共建，形成较高的保障供给能力（向运华、姚虹，2016）。为此，在保障农村养老服务供给中，要充分发挥政府的主导作用，为农村老人提供更加优质的养老服务保障。

一是加大农村养老保障的顶层设计。农村养老保障工作是一项系统工程，需要政府部门统筹考量，加强顶层设计。要按照立足实际、满足需要、预留空间的发展思路，科学编制农村养老保障的发展规划，统筹安排农村养老服务保障机构的建设、维护等各项工作，为农村养老保障提供明确的方向指引。在实践中，W 县高度重视农村养老保障工作，出台《W 县加快发展养老服务业的实施意见》《W 县慈善工程指导意见》《W 县慈善幸福院星级评定办法》等系列政策文件，不断强化政策支撑，为农村养老保障工作顺利开展提供有力指导。

二是加强农村养老保障的政策扶持。政策扶持是农村养老保障健康发展的关键。政府部门要加大对农村地区养老保障工作的政策支持力度，强化对农村地区养老服务机构建设财税金融的政策扶持，优化农村养老保障的资金保障方式。在实践中，W 县根据各村发展实际和农村养老的实际需求，将农村慈善幸福院建设作为重要抓手，并在人员配备、岗位待遇、运营管理等方面出台扶持政策，精简优化用地审批等办理手续，不断优化农村养老保障的运行环境。

三是引领推动农村养老保障的改革创新。改革创新农村养老保障，需要在政府的主导之下，充分发挥政府的宏观调控作用，及时化解农村养老服务市场的问题，不断提高农村养老保障供需对接。同时，改革创新农村养老保障，需要明确以高质量、精准化供给为方向，持续加强农村养老保障供给模式创新，努力实现农村养老保障的高质量、精准化供给，逐步探索建立多层次、全覆盖、可持续的养老服务体系。W 县探索建立的“政府+慈善+村级+个人”养老保障新模式，实现了资金筹措的多元化、养老机构建设的标准化、养老服务的品牌化等有机结合，既满足了农村养老保障的多样化需求，又解决了单纯机构养老的弊端。此外，W 县还积极探索了集体经济组织的公益养老模式，发挥村集体在农村养老中的主动性和积极性，以集体经济组织收益吸纳养老服务队伍与医护人员，推动农村养老保障模式的多元化发展。

4.4.3 激活农村现有的养老资源

伴随老龄化社会的来临，农村地区养老面临着越来越严峻的资源束缚，巨大的养老需求和有限的养老资源之间的矛盾是当前农村养老保障面临的最棘手问题。在乡村振兴背景下，大量的资源要素向农村下沉，缓解了农村社会资源稀缺的压力，为补充农村养老资源提供了契机。同时，乡村振兴赋予了农村社会内生动力，即挖掘农村社会内生力量、激活在地资源，唤醒农村社会的内部活力，促进农村现有资源向养老服务产业倾斜。

在实践中，W 县积极探索资源养老新模式，推行了“以房养老”“以地养老”的养老保障模式，盘活利用农村养老资源，有效拓展了农村养老保障的层次性。在发展“以房养老”过程中，当地政府坚持村民主体、自由选择原则，通过明晰界定产权等方式，充分保障农民的基本权益，注重尊重农民意愿，严格落实相应的民主程序，充分保障农民的主体性地位。经过必要的程序，农村老人可通过租赁房屋等获得相应的收益，保障本人的养老问题。在探索“以地养老”过程中，村集体结合农民的实际需求，对于那些既无种地能力，又有闲置土地的农村老人，鼓励其以出租土地的形式获得相应收益，并优先安排入住农村慈善幸福院，实施集中供养。总之，通过盘活闲置的房屋、土地等资源，按照市场化运作租赁获利，以集体经济收益维系农村慈善幸福院的运作，既避免了资源的闲置浪费，又发挥了农村资源养老的实际功能，丰富拓展农村养老的保障体系。未来，W县将进一步在盘活现有资源上下功夫，充分发挥市场的决定性作用，不断拓展房屋、土地等资源的收益实现形式，推动农村养老资源的优化配置与有效利用。

“儿女平时工作都忙得很，平时都是我自己在家。几年前得了糖尿病，孩子们在外地很挂念。村里让俺来慈善养老院，俺就过来了。这比在家舒坦多了，也减轻了俺孩子的经济负担，既有人聊天，也能吃到现成的饭，别提多高兴了。”（访谈编号 WLM20200726-Y，根据扬姓老人访谈整理）

“68 岁的扬奶奶是最早一批通过以房养老方式进入养老院的老人之一，来到这之后，身体状况得到了明显的改善。护工了解了她的病史，在饮食方面对她格外照顾，为她制定了低糖少油的食谱，老人通过一段时间的饮食调理和药物治疗，血糖平稳，精气神儿也比之前好多了，天天都夸我们疼她。”（访谈编号 WLM20200726-P，根据该养老院负责人访谈整理）

4.4.4 实现对农村养老的多样化供给

农村养老的多样化供给，是乡村振兴背景下农村养老保障的内在需求，也是深入推动农村养老保障有效供给的必然选择。具体来看，应当从资金筹集渠道的多元化、推行“医养结合”养老保障模式、提供差异化的养老保障供给等方面持续完善。

一是实现养老保障资金筹集渠道的多元化。农村养老服务的供给保障，筹集充足持续的资金是关键。鉴于地方政府财力的有限性，仅靠政府提供养老服务供给并不现实。为此，必须推动政府、市场、社会、个人等多主体广泛参与提供养老保障服务，建立健全多元化的资金筹措机制。既能够缓解政府的资金压力，又能够增强农村养老保障的持续发展，进而为农村养老保障提供充沛的资金。在实践中，W 县一方面继续加大财政投入力度，持续支持农村地区养老保障事业发展，特别是对于特殊困难群体给予必要的政府补贴，缓解其养老压力。另一方面大力支持社会资本参与发展养老服务事业，并为其提供优惠的政策支持和财税补贴，鼓励其依托特色开展多元化养老服务，如利用“互联网+”等资源，开展智慧养老服务，为农村老人提供多样化的养老服务选择。同时，进一步开拓慈善养老，鼓励慈善组织参与到养老服务保障中，进一步拓宽养老保障资金的筹集渠道，特别是吸纳非营利组织等社会力量参与养老保障事业。此外，鼓励农村老人及其家庭成员转变养老观念，开展积极养老、自我养老，鼓励农村家庭积极承担养老责任，积极履行赡养义务。

二是大力推行“医养结合”养老保障模式。对于农村老人来说，医疗服务、日常照料、健康护理是其核心关切。因而，推动养老保障“医、养、护”一体化发展成为重要目标遵循（王延中等，2018）。“医养结合”养老保障模式，既是乡村振兴背景下农村养老保障发展的现实需要，又是W县探索农村养老保障模式的重要经验。在实践中，W县围绕“医养结合”养老保障模式改革探索，在政策制定、规范运行、配套保障与社会衔接等方面持续用力、久久为功。在政策制定方面，W县积极制定规范化的“医养结合”服务标准，统一服务要求、建设标准、验收条件、考核要求，逐步完善农村“医养结合”的养老服务保障体系。在规范运行方面，W县逐步细化了“医养结合”的政策措施，使其更好地与当地的实际情况相契合、与农村老人的养老保障需求相匹配，更好地发挥养老保障的实际效益。在配套保障方面，W县逐步加大“医养结合”等必要的人员培训、福利待遇、社会认可等配套性建设，不断优化“医养结合”服务保障的外部环境。在社会衔接方面，W县将“医养结合”与家庭、社区紧密联结，避免出现服务保障的断档卡壳，保障农村养老保障服务的延续性。

“我初中毕业之后就在外地打工，今年32岁了，这几年打工虽然辛苦，但也赚了点儿钱，总想着为家里、为村里做点事，力所能及的嘛，尽自己的绵薄之力。我父母长年都在家，逢年过节我才能回来，平时老人在家我也不放心，政府的好政策咱们都支持，为老人好啊。每次村里发动年轻人捐款，我都积极参与，心里可开心。村里还有不少像我这样外出打工的，大家都捐。”（访谈编号WLM20200721-S，根据王姓年轻人访谈整理）

三是积极保障差异化的养老服务供给。长期以来，农村养老服务供给多停留在生活照料、日常看护等基础性服务，服务供给的同质化较为明显，且质量不高，难以适应农村养老保障需求的多层次、差异化发展。为此，应当明确差异化既是乡村振兴背景下农村养老保障需求的突出特点，也是农村养老保障有效供给的重要方向。如前所述，农村养老保障的需求满足应当遵循渐进性的规律特点，应随着经济社会发展而不断提质优化。面对农村养老保障需求差异化的挑战，W县在发展农村养老保障事业时，应充分重视农村社会分化和养老服务需求多元的实际情况，既要考虑那些家庭困难、经济收入不高的群体，又要关注那些家庭条件较好、经济收入较高的人群；既要考虑相对健康老人的养老需求，又要关照身患疾病的群体需要，针对不同群体提供多样化的服务保障。在养老保障供给上，既要有基础性的饮食保障、居住安排、日常照料、健康护理，又要关注老人的身心健康、精神文化需求，要逐步探讨如何发挥老年群体价值作用，不断为农村老年群体提供更加优质、多元的养老服务保障。此外，针对一些个性化服务需求，探索提供助餐、助洁、助行、助医等上门服务，以定制化方式，协调解决养老服务需求的结构性矛盾。从某种意义上说，这种多样化、差异化的养老服务保障模式，既是立足实际情况的现实需要，也是着眼长远、适应农村养老保障发展的必然选择。

4.5 小结

本章围绕W县农村养老保障服务的供给，构建了供给主体、供给对象、供给内容、供给模式的四维分析框架（见图4-1），从供给主体看，地方政府、外部市场、民间组织、社区互助等多方之间的合作互动，构成了多元化供给态势；从供给对象看，通过对弱势群体、普通群体、高端群体、特殊群体分类施策、精准供给，搭建了政府统筹、慈善互助、市场配置和灵活托养的应对平台；从供给内容看，物质、精神双重加持，促使农村养老保障服务的供给的各方兼顾和均衡；从供给模式看，遵循基本价值原则，依托乡村振兴战略创新养老模式，凸显了政府的养老主导地位、激活了农村已有养老资源、实现了多样供给的态势，为构建多层次社会养老保障体系打下了坚实基础。

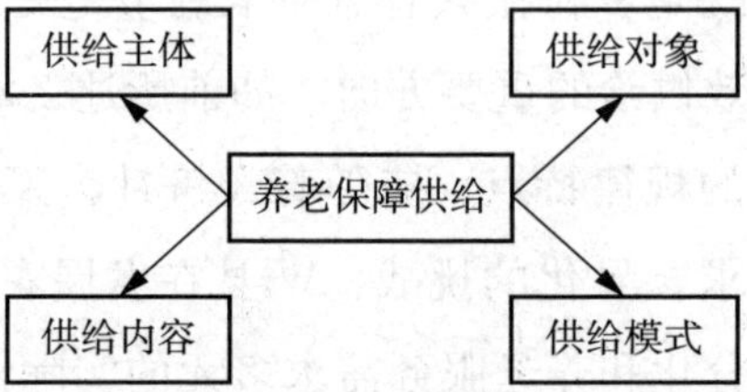

图 4-1　W 县农村养老保障服务供给的“四维”分析框架

资料来源：笔者自制。

第5章

W县农村养老保障的供需均衡逻辑

W 县的农村养老保障服务的供需仍存在不少问题，主要表现在养老保障服务的数量、项目、层次、主体存在供需失衡，主要原因是养老需求的精准识别能力有限、供给主体的协同供给能力不足、养老资源缺乏统筹配置、养老制度的支持保障力度较弱。《乡村振兴战略规划（2018—2022）》指出要构建多层次养老服务体系。在乡村振兴战略的支持下，地方政府提供了精准识别村民需求的现实条件、制度支持、物质基础、多元主体关系的协调，有效改善了农村养老供需关系。因此，从农村养老保障的发展角度来看，乡村振兴战略给农村社会带来了一系列变化，对促进农村养老保障服务的供需均衡具有积极影响。本章结合前述对农村养老保障需求与供给的分析，对农村养老保障服务供需失衡的主要表现、核心影响因素以及农村养老保障服务的供需互动等方面展开详细的论述。

5.1 基本表征：农村养老保障服务供需失衡的主要表现

农村养老保障服务供需失衡表现为供不应求、供过于求，即供给和需求的结构性矛盾。农村养老供给和需求的脱节引发的供需失衡是一种持续性问题，且在新时期具有新特点。在乡村振兴背景下，W 县农村养老保障服务的供需均衡状况虽有一定程度的改善，但远未达到供需均衡的要求。结合 W 县农村养老保障服务的供需状况，笔者认为当前农村养老保障服务供需失衡主要表现在以下四个方面。

5.1.1 供需数量的非对等性

供需数量的完全对等是一种理想状态，由于养老保障涉及的指标较多，难以对所有指标展开测量。因此，这里仅选择关键性指标，从宏观上对供需数量的对等性进行分析。养老保障服务供给和需求的非对等性主要表现为养老服务设施、资金、项目等总体供给数量和总体需求方面的不对等，表现为供给的数量大于需求或者供给的数量小于需求。当前，在我国农村养老保障中，多数地区养老资源匮乏，供给缺口较大，供给不足的状况更为明显。

从养老设施的供需来看。由于城乡二元社会结构及城乡经济发展的不均衡，农村养老保障的发展速度远远落后于城市，养老设施的数量有限、质量不高，难以满足村民的养老保障需求，具体情况为：①农村硬件养老设施覆盖率低。2014 年中国老年社会追踪调查（CLASS）[①] 数据显示，农村社区日间照料中心的覆盖率仅为 4.89%，城市和农村相差近 5 倍；只有 10.33%的农村社区有养老院/敬老院设施，覆盖率仅为城市的 48.7%（中国人民大学老年学研究所，2016）；托老所或老年日间照料中心仅相当于城市的 1/5，这与杜鹏、王永梅的研究结论基本一致。②农村养老保障专业人才不足。农村地区医疗水平有限，农村养老机构极度缺少专业化人才，难以提供专业化、高水平的养老服务。③农村养老服务模式单一。由于基础设施有限，服务人员的专业能力不强，农村养老机构所供应的养老服务仅限于最基本的日间照料。

从养老资金的供需来看。虽然农村老龄人口的比例远高于城镇地区，但农村养老资金供应有限，难以满足农村老人养老需求。由于农村居民的保险意识普遍较低、经济水平有限，农村居民的基本养老保险缴费率较低，替代率仅为 11.39%（杜鹏等，2019）。从 W 县农民养老保险参与情况的调研数据来看，2019 年全县农村户口人数 35.7 万人，实际参保人数为 35.4 万人，参保率约为 99.2%。其中有 28.1 万人选择了最低缴费档次，约占全县农村人口的 80%。[②] 因此，不管是从供给总量还是人均供给量上，当前农村养老金远远低于农民的养老保障需求。

---

① 由中国人民大学中国调查与数据中心负责具体实施的中国老年社会追踪调查（China Longitudinal Aging Social Survey，CLASS）。

② 数据来源于 2019 年 W 县农村养老保险基本情况统计表，由 W 县民政局提供。

从养老项目的供需来看。整体上 W 县养老供给水平较低，农村养老供给项目多是满足农村老人一般的物质和精神需求。受农民经济条件、养老理念和生活习惯的约束，农村老人的多数潜在需求难以转化为有效需求，导致农村养老保障供需只是在低层次上达到均衡。一方面，养老项目仅限于满足村民最低层次的养老需求。曹永红利用 2014 年 CLHIS 的数据，对我国城乡社会的养老服务供给、社会关系调解等八个项目供给和需求状况进行了分析，认为农村起居照料服务的整体供给水平较低，仅有 3.62% 的农村社区为老年人提供了起居照料服务。此外，农村的医疗服务也极其有限，仅提供基本的上门看病、送药服务等，农村老人的长期护理服务诉求难以满足。另一方面，农村老人的精神需求没有得到充分重视，少有社交活动、文娱活动，而且农村老人的权益难以得到维护保障（曹永红，2018）。

5.1.2 供需内容的非契合性

只有不断加大对农村的投入，促进农村养老保障服务供需总量对等、农村养老保障服务供需内容契合，才能实现农村养老保障服务供需整体均衡；否则可能会出现供给不足和供给错位等状况，即“供非所需”和“需非所供”。当前，农村养老供给内容的非契合性是导致养老保障服务供需结构失衡的重要原因。

一是需求多样导致的供给不足。供给的单一性与需求的多元化导致农村养老保障服务供需矛盾。如前所述，不同老人群体，同一老人群体内部的养老需求呈现多样性和发展性，甚至个体性特点。养老需求的多样化决定了养老供给必然多样化。W 县处于河南西北部，紧邻省会城市。在城镇化的大背景下，区域差异、社会分工等促进了 W 县农村居民在经济水平、社会地位等方面的分化，杨华（2012）将其分为精英阶层、中上阶层、中农阶层、中下阶层、贫弱底层等。农村精英阶层主要指收入水平较高、家庭和睦的农村居民，有意愿也有能力为老人购买家政、护理、保健等服务，老人不需要社会提供帮扶，家庭足以为其提供养老保障。他们对养老保障有更高的追求，如社会交往、社会尊重、休闲娱乐、营养保健等。中上阶层、中农阶层主要指经济水平一般的农村居民，占比达50%以上，是农村居民的主体。他们虽然有能力自主承担生活压力，但承担大病、大灾、重工伤等风险的能力有限，对政府或社会提供的医疗保障、失能照料需求很大。中下阶层和贫弱底层农村居民收入极其有限，收入来源不稳定，部分低保家庭甚至弃养老人、虐待老人，他们高度依赖政府或社会提供的经济保障、住房保障、医疗保障。但我国的养老保障服务供给较注重提供基本的养老保障，对较高层次的精神文化需求、支出颇高的居住需求等供给不足。

一位退休在家的老人说道："以前在城里的小区住，去文化广场看节目很方便，很有趣。现在回到农村，农村没有这些文化活动，但去城里既远又不方便。政府还是应该适当地为农村准备一些文化节目，丰富一下大家的生活。"（访谈编号WLM202000818-G，根据郭姓退休干部访谈整理）

二是需求多重带来的供给错位。伴随养老需求多样化的是养老需求的多重性，农村老人不仅有一般生存性保障需求，还有发展型和幸福型保障需求，即不仅需要物质保障，还需要精神满足。当前农村地区，政府主导下的养老需求供给，一般性物质保障供过于求。一方面，养老保障需求广泛。笔者在W县调研发现：65%的老年人需要医疗保健、术后护理、精神慰藉、生活照料等方面的服务；25%的老年人需要技能提升培训等；10%的贫困家庭需要政府提高养老金（见图5-1），保障基本生活。[①] 另一方面，对养老保障精神方面的需求增强。传统社会，农民流动性较低，生于斯长于斯，父母和子女居住在同一或相邻的村落中，来往密切，感情深厚。父母掌握着家庭的财政大权，家庭地位较高，深受子女尊重。然而，随着乡村社会秩序的变革，现代乡村文明规范尚未完全建立。尽管农民的生活得到了极大改善，物质生活日益丰富，农村居民已不存在基本的生存问题，但家庭成员对老年人的关爱却在减少，农村老年人的发展型、幸福型养老诉求难以得到满足。例如，W县的部分城郊村，村民的收入水平普遍较高，生活较好，家家户户都建有新楼房，但年老的父母却被安置在破

① W县农村老人需求状况专题调查问卷，调研时间为2021年6月10日至15日。

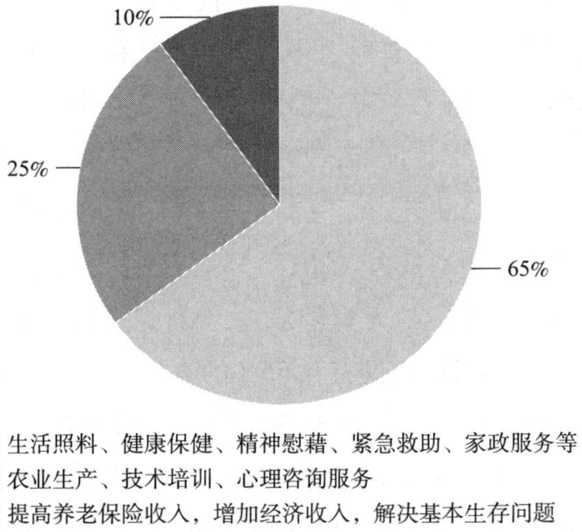

图 5-1　W 县 60 岁以上老年人选择养老服务需求占比

资料来源：根据访谈资料整理所得。

旧的老房子里，子女少有关心，甚至有意冷落老人。部分失能老人得不到子女的悉心照料，生活困难。一些老年人缺乏幸福感，精神慰藉需求得不到满足，迫切需要家人的陪伴与关怀。

"大部分养老院条件一般，条件好的养老院少，都在镇上和县里，收费也高。现在家里的条件好了，养老院的服务态度不好，医疗条件也一般。我还能动，哪里有住在家里舒服。"（访谈编号 WLM20200721-S，根据 Z 村宋姓村民访谈整理）

5.1.3　供需水平的非一致性

农村养老保障服务供需水平是指随着地区经济水平的提高、养老资源的增多、农民养老保障需求水平不断升高，客观上要求养老保障服务的供给水平要不断提升，以满足农村养老供给和需求在更高水平上达到均衡。通过分析 W 县养老保障服务的供给状况以及结合全国其他地方的养老保障服务的供给治理情况发现，当前我国农村养老保障服务的供需水平的非一致性较为明显。

一是高质量供给缺乏。社会养老保障事业高质量发展是指社会养老保障服务的供给、资源配置、投入产出等的高质量。如前所述，机构养老和社区养老并不能解决大部分普通老年群体的养老保障问题，而农村居家养老是适合我国国情相对有效的养老模式。我国农村社区居家养老服务正式起步于2010年前后（李长远等，2018），发展还很不成熟，尤其是高质量的养老保障服务供给缺乏，无法满足老年人多元化的需求。据《中国城乡老年人生活状况调查报告（2018）》数据，分别有10.6%和10.3%的老年人需要心理咨询、聊天解闷服务（刘妮娜等，2018）。曹永红利用CLASS调查统计数据得出仅有6.55%的农村社区为老年人提供了该服务（2018）。W县农村居家养老服务局限于生活照料方面，诸如洗衣做饭、打扫卫生等，对较高水平的聊天解闷、心灵抚慰等精神慰藉类服务供给较少。2020年底，我国农村贫困人口全部实现脱贫、贫困县全部摘帽、区域性整体贫困得到解决。农民收入不断提高且日益多元化，对高层次的养老保障有着更多的诉求，农民不仅关注当下的收入状况、生活水平，而且对年老生活日益关注，并有着较高层次的诉求。但现阶段，W县所供应的养老保障服务层次较低，高质量的养老保障服务供应十分有限。

二是有效性供给不足。人口老龄化日益严峻，财政支出逐渐攀升，以致公众对老年人存在偏见。现实中，农村养老服务需求与供给上的矛盾加剧了这种认识，而W县的农村养老保障服务供需的深层次矛盾依然存在。从政府层面来看，推动并投入的有效供给较少。社会服务发展统计公报显示，2017年末全国各类养老服务机构和设施15.5万个，各类养老床位合计744.8万张，但养老床位的利用率较低，空置率高达50%。

但大量难以自我养老的农民却不愿意入住养老院，得不到应有的照料。原因是：一方面，农民的收入有限，难以担负高额的养老费用，不愿意购买费用较高的养老服务。政府所提供的养老保障服务难以有效发挥效用。另一方面，老人养老不仅是个人问题，还是一个牵涉社会舆论、家庭声誉的社会问题。村民普遍担心入住养老院会被误认为子女不孝顺，心理负担较大。

正如一位村民评价道："为啥住敬老院？是姑娘儿子不养活呗！谁住

谁丢人！宁可在家里受屈，也不能去敬老院！”（访谈编号WLM20200726-Y，根据杨姓村民访谈整理）

由此可以看出，政府所提供的养老保障服务有时是难以发挥效用的。农村居民最大的养老困难是什么？需要政府参与的养老服务有哪些？什么样的政策措施是符合村民需求的？政府在这些方面的作用还没有充分体现。由于缺少必要的指导原则，地方政府提供的各项养老服务措施偏离民众需求。

5.1.4 供需主体的非协调性

从W县养老保障供给模式的探索实践不难看出，W县政府及相关职能部门曾围绕“政府主导”“多元参与”两大主轴推进当地的养老保障建设，以满足当前农村日益多元化的养老保障需求。但在具体探索过程中，或因为政府对于主导角色的不适应，对引领角度的重视不够；或因为养老服务市场的发育不够成熟，市场主体竞争力偏弱；或因社会组织发展相对滞后，农村养老保障服务供需协调性不足，难以实现均衡。主要体现在以下三个方面。

一是政府主导角色定位不清。在探索农村养老保障服务供给模式中，政府理应作为主导角色，充分发挥政策的供给者、制度的保障者、市场的撬动者、社会组织的孕育者等引领角色作用，但在工作推进中，政府或急于出成效，或未能厘清政府与市场关系，或对社会组织的养老服务供给能力评估不足，导致出现政府越俎代庖的现象。

“对于养老服务体系的探索，我们确实走过一些弯路。当然不是故意为之，当时想干成事的决心很大，动力很足，压力也不小，为了尽快出成效，政府的‘主导作用’发挥得过于充分，对市场规律不够尊重，但也取得了一些成绩，如W县的慈善幸福院作为重点工程：自2013年至今，兴建了300多所日间照料中心，几乎村村有机构；政府组织补贴、社会力量捐助等购置基本医疗器材，最大问题在于没有持续性。”（访谈编号WLM202007112-H，根据W县民政局何姓股长访谈整理）

二是市场主体活跃度不够。传统代际养老模式正发生不可逆转的变化。《2021社区居家养老现状与未来趋势报告》的数据显示，65.5%的老年人选择独立居住（一人独居或与老伴同住），26.8%的老年人与子女同住，在80岁及以上高龄群体中，老年人独立居住比例甚至达48%。由于养老观念转变较慢，市场响应农村养老需求相对滞后，表现在农村养老服务市场主体活跃度不高。加之政府“过于”主导，在某种程度上影响了市场主体的发育、发展。

“很早我就看到养老产业的前景，也一直想围绕这个做点事。但受很多因素制约，不敢放开手脚干。比如当时的市场环境、政策保障，特别是农村老人的思想观念比较保守，即使建成了养老服务机构，也很难打开局面。这种投资一般都比较大、见效慢，我们一家的财力有限，说服合作伙伴不容易。后来政府出台了相关细则和优惠政策，我们乘着东风迅速成长起来了。”（访谈编号WLM20200726-P，根据养老机构负责人访谈整理）

三是社会组织发展相对滞后。从国外社会养老服务实践看，社会组织是社会养老的重要参与主体。我国农村地区社会组织、慈善事业发展相对缓慢，虽然发挥着一定的作用，但未能彰显其应有的服务能力，未能成长为与政府、市场形成良性互动的养老服务供给主体。

“我是‘50后’干部，依稀记得小时候村里五保户的生活情况，家庭养老、集体养老，都能为老人提供基本生活保障。现在生产生活条件变化太快，特别是中青年村民都去城里打工了，留守的老人如何养老成为棘手的问题。很多家庭一对年轻夫妇带着孩子去了城里打工，甚至攒了钱在城里买了房子；老人不习惯，也不愿去，就剩下孤零零的一个人。如果老伴健在，两个老人还可以相互照应。如果是一位老人，真是很令人担心。在上级党委政府的指导下，我们村两委班子试着办起这个日间照料中心，大大方便了村里的老人。但是，说实话，虽然我们做了一点努力，仍然不能满足老人的多样化需求。还有很多村庄没有办这样的照料中心，老人的养老需求很难得到满足。”（访谈编号WLM20200728-W，根据D镇王姓村民访谈整理）

5.2 核心要素：农村养老保障供需均衡的影响要素

养老需求是客观存在的，养老供给则需要通过宏观统筹和微观配置方能实现，农村养老服务的供给实际上就是要从养老需求的实际出发，充分利用有限的养老资源，通过养老服务供给主体间的协同，满足农村老人的客观需要。从农村养老保障服务供需失衡的现状出发，笔者认为要实现农村养老保障供需均衡，首先需要对农村养老保障需求的类型化和多样化进行动态的精准识别；其次需要根据养老需求的类型化和多样化，提升多元供给主体的协同能力；再次要对输入农村和农村现有的有限养老资源进行统筹配置；最后要建立制度化的引导和保障机制以促进养老保障服务的供需均衡。由此，我们认为，养老需求的精准识别、供给主体的协同能力、养老资源的统筹配置和养老制度的支持保障力度是影响农村养老保障服务供需均衡的主要因素。

5.2.1 养老需求的精准识别

鉴于养老需求的层次性、多样性、多元性，实现养老服务供需均衡的基础与前提在于养老需求的精准识别。精准识别程度的高低，决定着养老服务供需的均衡程度。从W县养老保障工作的实践看，精准识别的难度和关键取决于养老服务对象是否聚焦、养老服务需求是否甄别、养老服务对接是否精准以及养老服务主体监管是否到位。具体而言，主要体现在以下四个方面。

一是聚焦对象。虽然当下互联网普及率和信息化水平较高，但对于居住在W县农村的老人而言，运用智能手机搜集信息的能力有限，更多的养老服务信息来自口口相传。养老服务相关信息在传递过程中，损耗、失真、丢失等问题较为严重。特别是对于文化程度较低的老年人而言，对于养老服务的理念、方式、收费等具体内容理解和领会程度有限，甚至错误理解，严重制约了养老服务理念的传播、养老服务的推广。

“我们在农村调研也发现，不少老人文化程度较低，别说智能手机了，用手机拨打电话都比较困难，一方面手机屏幕小，通讯录不容易看清楚；另一方面手机操作程序较复杂，容易搞混。老人很难通过当下最常用的信息渠道获取养老服务信息。”（访谈编号 WLM20200715-W，根据 W 县民政局王姓副局长访谈整理）

二是识别需求。虽然农村养老保障服务的对象大都在乡村，但老年群体的年龄分布、收入层次、受教育程度、健康状况以及家庭结构等方面存在较大差异。不同因素的组合，形成了不同层次、不同类型、不同重点的养老服务需求。目前，民政系统掌握有农村老人的基础信息，但尚未建成系统、详细、准确的信息资源库，对老人的多元化养老需求不能精准识别。与此同时，囿于不太完善的信息资源库，养老服务机构难以对老人的多元及个性化养老需求进行跟踪服务，更无法精准识别多样化、多层次、个性化的养老需求。

“我们民政系统的基础信息库，在脱贫攻坚中发挥了重大作用，可对扶贫户动态精准识别。但无法精准把握老人的多样化养老服务需求，制约了养老服务的推进。有些养老机构虽有建设数据库的意识，但数据的获取多是被动的，很难做到主动采集。将来政府如果建设这样一个数据库，有资质的养老机构可付费使用，想必也能推进养老保障事业的发展。”（访谈编号 WLM20200715-W，根据 W 县民政局王姓副局长访谈整理）

三是对接供需。农村老人养老服务需求的识别精准度有限，导致养老保障服务的供给在对接养老保障服务的需求时存在错位、差距甚至空白。由于农村老人构成的多样性，养老需求呈现多元性，如有的需要生活服务、家政服务，而有的需要满足精神需求，有的因为长期疾病缠身需要更专业的照料；而当前 W 县的养老保障服务供给相对集中，如基本的生活照料、医疗服务等，精神文化服务的供给相对有限，影响农村养老保障事业的发展。

四是主体监管。看似简单的养老服务项目，涉及多个行政部门，出现“九龙治水而水不治”的尴尬局面。如社工、生活照料等归民政部门管，医疗、餐饮等归卫生部门管，家政却归工商部门管。条块的行政体制，造成部门间的管理协调受限，很难统一管理服务资源。养老服务机构在应对不同管理部门时消耗不少时间和精力，严重影响或制约其提升供给养老服务的能力。与此同时，由于多头管理，难以对养老服务从业人员进行有效监管，影响了整体养老服务水平的提高。

5.2.2 供给主体的协同供给能力

政府在农村养老保障服务供给工作中出现职能缺位、错位和越位等问题，在一定程度上影响各主体的工作效率和养老保障服务的供给力度。政府责任包括：一是从具体微观管理向宏观指导转变；二是承担社会保障兜底责任；三是提供社会化养老制度保证和政策支持。市场作为关键变量引入养老保障事业，重在建构责任分担机制，寻求政府市场之间的平衡发展，发挥各自主体力量，促进不同主体间的融合，实现社会层面供需的均衡发展，即供给主体间协同供给合力。

5.2.3 养老资源的统筹配置状况

“巧妇难为无米之炊”，养老资源是影响农村养老服务供需均衡的首要因素。从长远角度看，要提高农村养老服务供给的水平，要通过发展农村经济从根本上实现资源配置的均衡。但在一定历史时期内，在资源总量有限的情况下，需要建立机制实现对农村养老资源的统筹利用，使得资源的利用效率达到最优。对于农村养老保障来说，资源的统筹配置主要包括以下三个方面。

一是外部资源的“反哺性”输入。中国农村养老模式变迁呈现“家庭→集体→政府→社会化”的发展规律。由于养老服务的准公共物品属性，国家不断加大对农村养老资源的投入是现代国家职能的体现。但在城乡“二元”结构下，农村养老资源长期依赖农业内部的积累，农村社区自我提供，国家对农村养老保障的历史欠账较多。农村人口老龄化问题日益严重的今天，国家需要不断加大对农村养老保障的资源投入。随着城市支援农村、工业支持农业战略的实施，“反哺型”资源输入力度逐年增加。但当前对农村养老保障的支持往往以硬件设施建设为主，而在人才回流、制度供给等方面依然不足。当前，农村养老服务供给总量不足、有效供给缺乏、高质量供给占比低、低水平供给过剩等均与外部资源投入与配置不当相关。

二是内部资源的“挖掘性”利用。外部“输血”对解决农村养老保障问题具有重要作用，但同时需要强化内部“造血”功能。外部资源输入难以负担规模巨大的老年群体养老问题，且多样化的农民养老需求，尤其是农民的养老习惯决定了现阶段还不能完全脱离传统的养老模式。农村“空心化”问题日益严重，农地产权改革、农民财产权保护成为农村集体产权改革的基本导向。激活农村闲置资源、资产和资金，对提高农村养老资源的利用率，创新更加契合农民需求的养老模式具有重要意义。W 县“慈善幸福院”充分利用了农村闲置的校舍、祠堂等土地房屋资源，W 县还在养老规划中规定对利用农村闲置土地兴建养老机构给予一系列的资金和税收支持，有效盘活了农村养老资源。

三是现有资源的“科学化”配给。有效配给资源是提升资源利用效率的重要方式，在养老资源有限的情况下，如何科学配置养老资源是实现养老服务供需均衡的关键。在配置农村养老资源中，契合农村实际配置人、财、物，不断满足农民的多元化养老需求对实现养老服务供需均衡具有重要影响。W 县以政府为主导，通过制度供给、资金补贴，利用村庄房屋和土地建立农村慈善养老院，聘请周边的适龄女性作为养老院服务人员。W 县将政府投入的资金、农村集体土地、闲置劳动力有效组合，一定程度上优化了资源配置，加快了养老保障事业的均衡发展。

“在我们县也有互助养老试点，这些村庄的村两委班子领导力一般较强，能够影响和带动村民参与建立互助养老平台、机制。为了推动更多的村庄探索互助养老模式，政府下拨一部分启动资金，激活村民的主体性，不但让村民意识到探索互助养老对其有好处，而且创造条件（提供资源）激发村民的创造性。正是政府对现有资源的统筹配给，用小资金吸引社会资本，撬动了潜力无限的民间力量。有些样本村，不但提供基本的日间照料，而且供给丰富多彩的文娱服务，有助于老人的身心健康。”（访谈编号 WLM20200715-W，根据 W 县民政局王姓副局长访谈整理）

5.2.4 养老制度的支持保障力度

农村养老制度建设对于农村养老服务的供需均衡具有引导、调节和保障作用，农村养老保障制度的变迁源于农民养老需求的变化。从生产力和生产关系的关系看，农村养老保障制度是生产力发展的必然结果，也是适应生产力发展的内生要求。由于生产力的发展，农村经济社会的变化带来了农民养老需求的变化。这种变化主要表现为：改革开放之后，大量的农村剩余劳动力进入城市，核心家庭逐渐成为家庭类型的主体，面临如何降低因为脱离农业而带来的社会风险、如何消除农村老人的养老焦虑的问题，农村养老保障制度应运而生。在政府主导、社会等多重主体参与下，中国养老保障体系已建立，并不断完善，为满足我国农村老人的养老需求提供了制度保障。

一位83岁的老人说："现在国家的养老保障制度真是好，之前做梦都想不到能享受到这样好的待遇。我小时候听老人们说新中国成立前，很多家庭吃的喝的都没有保障，虽然我们这里比较重视孝道，但那时家里实在没有吃的，想孝敬老人也没有能力，不少老人基本温饱都不能保证。新中国成立后，我们'五保户'都有的吃、有的穿，不知比旧社会好多少倍。现在，有了农村养老保险制度，所有的老人都能受到国家的关心照顾，大大减轻了子女的经济负担。我们住在这里很开心，每天吃的都不一样，说实话比在家吃得还要丰富。最重要的是，有很多同龄人陪着，有说不完的话。"（访谈编号WLM202000818-G，根据郭姓退休干部访谈整理）

我国的养老保障制度建设并非一蹴而就，经历了不少曲折。1987年试点时由于缺乏科学的顶层设计，在经济水平、文化底蕴、农民个性等方面差异明显的各地试点时，出现"碎片化"，不仅严重制约了农村养老保障制度建设的持续性，而且大大降低了制度的可信度，甚至让当地村民产生错误认知；后经过不断提升制度建设的连续性、系统性和普适性，才逐渐形成适合我国国情的养老保障制度。囿于城乡二元结构，农村养老保障制度较城镇养老保障制度存在先天性缺陷，如农村养老保险制度、老年福利制度、社会养老服务体系等相对滞后，导致当下我国农村养老保障制度中有关老年福利、养老服务等内容缺失。因为制度的不完善，农村养老保障服务供给难以均衡，或只是较低水平的均衡。

5.3 动态均衡：农村养老保障供需结合

均衡最早是物理学概念，后被引入经济学、社会学和政治学等人文社会学科。经济学中的供求平衡是指消除供求之间的不适应、不平衡，使供应与需求相互适应、相对一致，实现供求均衡。在农村养老保障领域，也存在供需失衡问题。保持动态均衡是公共政策顶层设计需要把握的一个共识，应用到农村养老保障领域内，则需要将政府层面供给和农村养老需求进行结合，形成供需之间的动态均衡，是公共政策的目标价值追求，既不追求绝对的均衡，也不能出现失衡。根据经济发展水平，从供给和需求的适应性、一致性角度进行考量，达到供需质和量上的对等和动态平衡。

5.3.1 动态均衡的理论基础

经济学领域内有关均衡理论的研究颇丰，法国经济学家瓦尔拉斯（Wal-ras）在1874年首次提出这一理论，指出经济活动中生产要素和消费品会处于一个大体均衡，通过调整失衡产出与供给之间的数值关系，最终可达到经济活动的大体均衡（申成文，1989）。英国经济学家希克斯着重研究了经济因素的相互关系，认为经济活动中个体从多重选择中确定消费生产的大体数量，整体上会达到一致均衡态势，静态模式下经济状态为最好的均衡状态，整体呈现两个特点：一方面是向均衡方向渐进变动；另一方面均衡状态的速度是瞬间极速的（王乃静等，2005）。

基于一般均衡理论，动态均衡理论遵循经济学领域生产与供给间的互动关系，迁移到社会保障领域，动态均衡大体是一种最佳养老保障模式（黄健元等，2018），侧重于政府层面的保障供给，区别于基于利益的市场化产出供给，政府需要保证养老保障的公平，尤其是农村养老保障的广泛性和针对性。动态均衡的理解需要从包容性视角出发，坚持养老保障的公平性、均等化，解决供需数量非对等性、供需内容的非契合性、供需水平的非一致性、供需主体的非协调性，从而达到供需动态均衡，进一步构建多层次的供需均衡养老保障体系。本书所指的养老保障动态均衡区别于经济学领域动态均衡理论，不纯粹是经济学意义上的动态均衡，不单纯通过定量指标和经济计算来衡量动态均衡体系。坚持以人为本的核心理念，而非市场角度，遵循养老保障领域的基本价值导向，根据人群和需求变化的叠加影响，综合考量特定范围内供给和需求的动态均衡。

5.3.2 供需互动的实践：以W县供养模式为例

基于上述动态均衡理论，农村养老保障的发展需要考虑多重因素。为此，选取W县慈善托养、亲情托养、包帮托养等供养典型案例，剖析供需互动的实践图景。

一是慈善托养助力脱贫。针对农村困难家庭，国家实施精准扶贫、精准脱贫基本方略，如期打赢脱贫攻坚战。为此，W县投入很多资源，同时探索多种形式的托养模式，如建立村级慈善养老院，依托村级组织养老机构，形成稳定可持续的养老路径。既解决了老人的日常生活所需，也助其摆脱了贫困境遇。

案例5-1　慈善托养助力脱贫

范庄村范有才今年72岁，患有白内障；老伴何仕兰今年73岁，患有糖尿病，且肢体2级残疾，行动不便，靠轮椅出行，需要丈夫在身边照顾。两位老人都已年迈，没有劳动能力，唯一的女儿也远嫁外地，脱贫困难。县委、县政府提出“五养八延伸”政策，让两位老人看到了脱贫希望，经过村两委、帮扶责任人、脱贫责任组与老人沟通协商，签订了“慈善托养”协议。协议签订后，老人可以根据自身情况，随时到村慈善幸福院入住，每日三餐由慈善幸福院提供。目前，两位老人可以相互照顾，仍在家中居住。慈善幸福院距其家500米左右，老人中午不愿意做饭了，就带着老伴到慈善幸福院吃饭，吃过饭后和院中老人聊聊天。自从签订了协议，老人不再为自己的养老问题担心了，见人都夸党的政策好，精神面貌焕然一新。

资料来源：根据W县访谈资料整理。

二是亲情托养凸显责任担当。对于特困群体，有兜底供养路径选择，但是在调研实践中笔者发现，兜底政策实施中，会出现一些例外，因为不同老人群体所面临的环境不同，每个人的需求存在差异性。为了更好地满足不同群体的需求，尤其对于面临养老送终问题的无子女家庭，该县积极动员老人身边其他亲属，基于亲情更好地提供赡养服务，凸显亲情托养的责任担当，对于养老保障大有裨益。

案例 5-2　亲情托养凸显责任担当

二铺营村贫困户金明旺，致贫原因是“残疾”，家中 2 口人。金明旺肢体四级残疾，儿子金恒通精神二级残疾。父子两人依靠政策补助维持生活，被定为兜底户。W 县开展“五养八延伸”工作时，金恒通符合重度残疾人托养标准，乡村两级通过协调，为其办理了入住手续，经过一个星期的居住，金恒通不适应居住环境，经过帮扶责任人和金明旺协商后，放弃了“医养”兜底方式，选择了亲情托养。金盘根，金明旺本家侄子，嘉应观乡机关干部，家住二铺营村。在了解本村兜底户金明旺的情况和“五养八延伸”政策后，他主动提出赡养金明旺父子两人，并签订了“亲养”协议，主动承担其兜底赡养的责任。

资料来源：根据 W 县访谈资料整理。

三是包帮托养共筑连心墙。对于独居老人或无儿无女分散供养的“五保户”，县委、县政府提出“五养八延伸”兜底户脱贫工作机制，进行包帮帮扶，动员党员干部和乡里乡亲形成互帮互助良好氛围，构建更为和谐的农村养老保障新局面。

案例 5-3　包帮托养共筑连心墙

“老杨，几十年啦，咋突然想起垒院墙啦?”看到杨变泉修围墙，邻居都要调侃几句。“我能请得起工人垒墙? 这是咱村主任安排的，我给村委会说过了，村里这样帮我，我死以后，这段庄基谁都不给，直接归还村集体。”说起这道院墙，杨变泉乐开了花，逢人就夸村干部好。杨变泉，现年 71 岁，系杨洼一街兜底贫困户。杨洼一街村村委主任杨正标积极响应镇党委政府号召，主动要求与杨变泉签订包帮托养协议，照顾其日常生活。协议签订当天，杨正标看看杨变泉家的里里外外，决定集中村干部，把杨变泉家室内室外先清理一下，然后找来工人，买来泥沙、砖瓦、轮胎等物料开始为杨变泉家修建院墙。一道围墙，拉近了干群关系，让干部走进了贫困户的心里，提升了干部在群众心中的威信，让贫困户真正感受到了实实在在的实惠。杨正标告诉笔者："杨变泉，是我们村的兜底户，就一个人生活，村干部都非常想帮助他，村集体没有资金，我个人帮他，又怕他本家人说闲话。'五养八延伸'工作机制出台后，我与杨变泉签订了包帮托养协议，帮助照顾其后半生的生活，让他衣食无忧。这样也算师出有名啦，建围墙仅仅是第一步，下一步还要整理院内道路，改建厨房、厕所以及打井，解决他生活上的各种困难。"

资料来源：根据W县访谈资料整理。

此外，托养家庭户从细节入手，培养健康预防理念。调研中笔者发现，针对W县托养家庭农户，当地卫生院提供免费体检服务，有效改善了农户的生活质量，一方面可及时了解农民身体各项指标，另一方面改变了农户认为只有生病了才去医院的传统观念，对托养家庭户的爱心体检可帮助农民形成健康预防理念。

案例5-4　托养家庭户爱心体检

小董卫生院托养家庭12户55人，重点关注人11人。在这11人中，朱村贺长保妻子张骨朵患有高血压，村医通知其进行免费健康体检，他们认为仅仅是高血压，也没有什么不适，体检作用不大，不想体检。家庭医生随访时得知这一情况，立刻跟村医进行沟通，探讨解决办法。村医和家庭医生一起与贺长保、张骨朵进行沟通，向他们解释免费体检是托养户享受的优惠政策。体检涉及肝功能、肾功能、空腹血糖、血脂等化验项目；B超可以查看肝胆脾有没有异常。通过健康体检可以及早发现身体有没有潜在危险。通过村医和家庭医生的解释，夫妻两人了解了健康体检的好处，同意进行免费体检。但因贺长保在朱村村委会担任职务，公务繁忙，无法陪同张骨朵去乡医院进行免费体检，家里的年轻人都没在家。家庭医生将这一情况反映给卫生院主管院长郭院长，郭院长表示乡卫生院可以开车接送其进行免费体检，必要时还可以带设备入户。村医说自己可以找车带她去，体检时也可以陪同。次日，村医带张骨朵来乡卫生院进行体检，家庭医生也在旁陪同。体检结束后，张骨朵很感动，感谢家庭医生和乡卫生院提供的优质服务。

资料来源：根据W县访谈资料整理。

5.4 小结

本章探究分析了养老保障服务供需均衡的内在逻辑，基于动态均衡理论，具体梳理了W县慈善托养、亲情托养、包帮托养等养老保障模式，分类呈现了供养模式下供需互动实践，整体上反映了W县基于农村养老保障的需求特点，进行分类管理，使供需达到动态平衡，为论证构建多层次供需均衡的养老保障体系奠定了基础。

第 6 章

构建农村多层次供需均衡的养老保障体系

供需均衡逻辑促进了供给与需求之间的动态平衡，聚焦农村养老保障，应积极顺应农民多样化、多层次的养老保障需求，建立健全以我国城乡养老保障制度为蓝本，兼顾生存型、生活型和发展型多层次需求的养老保障体系，使多样养老保障方式协同发力、互相支持、密切配合，不断推动农村养老保障体系的持续优化。

6.1 构建农村养老保障体系的基本原则

针对农村养老保障工作中存在的不平等、不均衡问题，要把建立以农村养老主体需求为核心的协调机制、坚持公平价值取向、调整政府责任体系作为构建农村养老保障体系的基本原则。

6.1.1 坚持公平的价值取向

从内在属性来看，农村养老保障制度具有公共物品性质，应当以维护和增进社会公平作为其价值依归，将公平作为农村养老保障体系构建的核心目标和首要原则。能否建立一个公平的农村养老保障制度，不仅涉及农村老年群体养老保障权益的切实维护，更是事关社会的公平正义。将公平作为农村养老保障体系构建的基本原则，要实现如下几个方面的转变。

一是要推动城乡养老保障制度的统筹考量。要将城乡养老保障纳入一体考量，牢固树立系统思维和公平理念，兼顾社会公平正义，防范因制度设计的不合理，而出现制度性的不公平（李小兰，2015）。这既是基本要求又是底线原则。从发展的角度来看，建立城乡一体的养老保障制度体系，既是更为长远的发展目标，又是公平原则下构建农村养老保障制度体系的内在要求。

二是坚持以公平为价值取向，要在构建农村养老保障体系过程中，始终把公平理念贯穿于全过程、各方面。在关照对象方面，农村养老保障体系要覆盖农村社会各种类型的老年群体，既要关照身体健康的老年群体的养老保障需求，又要关注身患疾病的老年群体的养老保障需要；既要考虑家庭条件较好的个性化养老保障特点，又要考虑家庭条件困难，甚至无人照顾困难户的实际情况。在资源分配方面，农村养老保障体系要针对不同群体进行资源分配，既应是精准化的、针对性较强的，又应是相对公平的，避免养老服务保障资源过度向某一类群体分配，从而引发群体资源分配的不公平。在服务保障方面，农村养老保障体系既要考量不同群体养老保障需求的发展性，渐进性改进提升养老保障服务供给，又要贯彻公平理念，体现老年群体间的整体公平性。

三是要妥善处理公平与效率的关系。将公平作为主导价值与核心理念。事实上，构建农村养老保障体系也要追求效益、效率，但要基于公平原则。特别是在乡村振兴背景下，大量资源向农村倾斜，要立足实际情况、讲求效率效益（蒋军成，2017）。但这种高效始终要基于农村养老保障制度体系公平性前提，是一种正义的高效率。

6.1.2 坚持以需求调整供给

构建农村养老保障制度体系，要坚持需求导向，并将农村社会发展的实际需要和农村老年群体的实际需求作为供给调适的基本原则，不断优化供给的服务方向、服务模式，不断推动农村社会养老保障的高质量发展。

一是根据需求调整供给。伴随着老年人社会活动的减少，老年人更加固守自己的生活空间并拒绝陌生环境，同时对依靠子女和自食其力并举的生活状态比较满意。因此，地方政府应根据农村居民的生活习惯和养老的实际困难调整服务供给。具体如下：①尝试建设农村微型养老机构，推行农村家庭户举办养老服务机构试点，以低盈利加政府补贴方式运营。设置家庭户举办微型养老机构的基本条件和扶持政策，授权相关部门与合格家庭户签订协议、购买服务。这种养老机构充分照顾当地村民生活习惯和传统观念，利用内生资源因而更容易被村民接受，在缓解养老压力的同时充分利用了农村人力资源，推动了农村养老产业发展。②明确养老服务的核心内容。政府应该对农村老年人的养老需求负责，确保养老机构和服务人员提供的服务恰当、有必要。农村地区应缩减或停止图书室、健身设施、餐厅的建设投入，集中资源为老年人提供按次或临时跑腿、短期照料等医养服务。③增加社区服务中心数量并明确其职责。

二是根据需求协调供需主体功能。社区服务中心（站）、养老机构和养老服务人员是农村养老服务的供给主体，只有供给能够满足老年人的实际需求才是有效供给。因此，政府应该引导供给主体，以有效需求决定供给，以有效供给满足需求。如规范农村养老服务主体与基层医疗机构功能。一些地区建设的老年护理医院和医疗机构本质是“以医养老”，成本过高，不适合农村老年人。政府应明确养老服务主体（微型家庭养老机构或由社区中心统一管理的服务人员）的服务范围，引导其发挥基本“养护”功能；架设微型家庭养老机构与基层医疗机构的沟通渠道，建立“以护为主、以医为辅”农村养老服务系统，明确社区服务中心（站）与服务主体的具体功能。

三是根据需求调适供给。从回应的角度看，构建农村养老保障体系，应当着眼于农民日益增长的养老保障需求，积极回应人民群众对健康、长寿、幸福的美好期待。随着经济社会的发展，农民养老保障上的需求呈递增趋势，无论是需求的多样性还是需求的高质量，都折射出农民养老保障需求的演进。在乡村振兴背景下，农民养老需求的多层次、多样化发展，不断推动农村养老保障体系的科学化构建。从实际来看，构建农村养老保障体系，还要把握农村老年群体对养老保障的多样化需求，坚持需求引导、农民主体，持续优化调适农村养老保障工作的重点、方式方法、实现模式，以优质的服务供给、人性化的服务呈现、多样化的服务选择，满足农村老年群体对于养老保障服务的新期待。

6.1.3 政府责任的重构

做好农村养老保障是政府的重要职责，是基于政府公共服务职能的现实考量。正如布兰婷和莫勒所指出的，良性的政府应该发挥政治责任担当，更多地满足社会成员的各类需求，而不是依靠慈善事业承担这些责任（蒲新微，2016）。建立健全农村养老保障制度体系，正是政府主动履行其民生保障和公共服务职责的具体体现。基于统筹城乡发展的基本理念，既往的农村养老保障制度难以适应现实需要，与建设城乡统一的养老保障体系不相适应。因此，在乡村振兴背景下，加强农村养老保障体系的构建，有必要进行政府责任的系统性重构，防范化解农村养老保障服务的供给失衡。同时，消除农村养老保障的供给真空，不断推动农村养老保障供给的高水平和高质量发展。

一是加强顶层设计。建立健全农村养老保障体系，首先要求加强顶层设计，善于从总体上谋划农村养老保障的制度安排和统筹部署。相较于之前，建设现代农村养老保障体系，要在统筹城乡发展的基本理念下，在公平公正的基本原则下进行，要更多地协调城乡之间的具体差异，更加注重通过制度性安排打破城乡之间养老保障方面的藩篱。同时，在治理体系和治理能力现代化的语境下，建设现代农村养老保障体系，需要综合考虑农村社会老年群体分化的现实，既要考虑各类型农村老年群体的养老需要，又要考虑各供给主体的优势特点，有效激发各供给主体的潜能。要充分考量农村养老保障资金筹集、机构建设、人员配备、资源保障、服务供给等环节。因此，坚持公平公正的基本原则，切实加强顶层设计成为农村养老保障体系建构的必然要求。这就要求政府积极发挥主导作用，综合研判农村养老保障的现实情况，立足区域经济社会发展的实际情况，统筹考量养老保障的资金筹集、制度运行、监督管理等方面的问题，加强顶层设计和统筹安排。

二是加大财政专项支持。在某种程度上，政府的财政支持是社会保障能否健康发展的关键所在。与老农保强调的农村社会的自我统筹、自我保障不同，新型农村养老保障更加注重政府的财政投入和补贴，弥补老农保资金的不足。在加大农村养老保障财政投入的基础上，还要科学合理地界定中央和地方农村养老保障方面的财政负担比例，并根据经济社会发展水平和地区差异做适当调整，特别是对于一些偏远落后地区应加大中央的财政统筹和转移支付（陈军亚，2018）。除此之外，还应当发挥财政投入的杠杆作用，以财政投入吸纳社会资本、市场力量进入农村养老保障市场，对部分参与养老保障的市场主体给予财政补贴和政策照顾。在发展养老保障事业中，还要根据经济社会发展水平，特别是物价水平，动态调整农村养老保障的基准。在借鉴西方发达国家经验的基础上，立足地区发展差异，动态调整养老保障资金支出比重，不断完善多样化的资金筹集机制，保障农村养老保障制度的良性运作。

三是加大资源协调统筹。在推进农村养老保障体系建设过程中，政府要加大资源的协调统筹力度，充分发挥宏观调控的功能优势。农村社会发展不平衡，各地在推进农村养老保障过程中，可能会面临各种各样的实际困难，特别是一些偏远地区，不仅面临资金、设备短缺的问题，还面临着人才、技术方面的困境。这时候，就要充分发挥政府的宏观调控优势，加强养老资源在农村地区的跨域流动。同时，要加强养老保障人才、护理人员的跨域流动与协同使用，加大人才培训的统筹和综合使用，不断提高农村养老保障的服务水平和服务能力。

四是倡导鼓励多样化养老。尽管政府在养老保障中发挥着至关重要的作用，但是政府在养老保障服务供给中的角色只是主导而非包办。换言之，政府除了发挥自身的功能之外，还要积极承担挖掘宣传其他养老模式优势的职责，倡导培育多样化养老的良好氛围。例如，政府要通过挖掘传统家庭养老的功能，发挥农民自我保障的优势，缓解政府养老保障方面的压力。同时，基于土地养老的现实可行性，鼓励农民通过从事农业生产来实现自我养老，鼓励支持社会主体参与发展养老事业，进行智慧养老、医养结合等改革探索，推动家庭养老、社会养老、政府养老的多元协同（王岩，2016）。

6.2 农村养老保障的基本层级

农村养老保障可划分为生存型、生活型和发展型，三者为递进关系，要根据地域、经济发展水平、农民的生活习惯等因素统筹协调。

6.2.1 生存型养老保障

生存型养老保障，是一种较低层次的养老保障类型，其提供主要保障内容是维系农村老人的基本生活，解决老年人的温饱问题。当前，我国已如期打赢了脱贫攻坚战，顺利实现全面建成小康社会的战略任务，绝对贫困问题已经历史性地解决。但在农村地区仍然有不少人口处于相对贫困，部分低收入群体，特别是一些“五保户”还面临着现实性难题。例如，2020年底，全面脱贫攻坚任务完成后，纳入我国城乡特困供养人员、农村低保平均保障标准的人数仍比2012年底分别增长了105.3%、188.8%。这表明传统的农村救济不仅非常必要，而且要求在农村养老保障的制度安排中，应优先把这些群体纳入制度体系框架内，充分发挥养老保障的兜底保障功能。

为农村困难群体提供生存型养老保障，主要向其提供基本的就餐、日常照料、常规性健康管理等基础性养老保障服务，这既是保障农村困难群体基本的生存权和发展权的体现，也是落实农村养老保障制度安排，让每个人都免遭生存威胁的底线制度设计。为农村困难群体提供必要的生存型养老保障，既是社会主义制度的内在要求，也是维护社会和谐稳定的现实需要。在制度运行中，由于地区经济社会发展水平的差异，需要政府发挥主导性作用，加大对农村特困人口的支持保障力度，以减轻其家庭养老的压力。同时，加大慈善养老的支持力度，以慈善养老的方式，集中兜底个别困难群众，使之安度晚年、幸福养老，充分满足农村困难群体的基本养老保障需求。

6.2.2 生活型养老保障

生活型养老保障，主要是为普通农村老人提供平均水平的衣食住行医等养老保障。生活型养老保障，充分契合农村社会发展的实际，能够满足农村老人的基本养老需求。

从服务对象看，该类型养老保障主要针对那些已经解决基本温饱问题，但缺乏常态化、稳定性养老保障的人群，在实践中，要着眼于满足和解决这部分群体的社交、娱乐、健康等养老保障需求。从服务供给来看，生活型养老保障主要依托“社会+个人”的经济资源供给体系，依靠以社会、家庭成员为主，集体为辅的农村养老保障体系。具体如下。

一是依托“社会+个人”的资源供给。生活型养老保障要充分发挥家庭在养老保障中的功能，倡导养老者自身为养老服务保障支付一定的费用，分担养老保障的压力。同时，倡导家庭积极履行赡养义务。除此之外，农村社会养老保险也是维系生活型养老保障的重要支撑，借助国家的资源调配优势，为农村养老保障提供所需的资金资源。

二是依托“社区+家庭”。社区和家庭是生活型养老保障的重要服务供给主体。一方面是由于农村老年群体对传统社区的依赖，倾向于在熟悉的环境里生活。社区和家庭不仅能够提供基本的生活照料，还能够满足老人必要的社交需求，让老人安享天伦之乐。另一方面是由于家庭和社区能够为老年群体提供生活化的场景，让其在舒适的环境里找到家的归属。因此，农村集体能够为生活型养老保障提供必要的补充。

三是提供生活化的养老保障服务。生活型养老保障主要围绕农村老年群体的日常生活展开，包括日常的生活照料、社交活动、精神慰藉与文体活动等养老保障服务需求，如社区层面的健康排查、健康宣传、家庭互助养老的监督执行等。这种养老保障贴近老人生活圈子，接受度较高。专业护理机构能够发挥专业优势，保障农村老年群体的基本健康医疗服务需求。总之，生活型养老保障能够满足普通农村老年群体的基本养老保障需求，为农村老年群体提供了生活化的养老方案。

6.2.3 发展型养老保障

发展型养老保障是较高层次的养老保障，在满足农村老人的基本生活保障基础上，侧重满足农村老人社会参与、精神慰藉、健康医疗等较高层次的需要，使养老向享老转变升级。发展型养老保障较之于其他类型的养老保障，有以下几个特点：①更加注重健康管理。养生成为发展型养老的重要内容，注重健康医疗、关注身体健康成为这部分老年群体的重要需求。因此，发展型养老保障的服务对象，对于健康体检、医疗护理、养生保健的需求大大增加。②更加注重精神慰藉。除了必需的文化娱乐、休闲健身之外，发展型养老保障关注老人老年生活的丰富程度，这部分老人对书籍阅读、书法训练、教育培训等需要日渐增加。因此，发展型养老保障的需求群体，对于老年大学的期待有所增加。③更加注重社会参与。除了日常生活活动的展示，这部分老年群体更加注重社会参与以实现自我价值。因此，这部分群体对于如何参与社区治理有更多的期待。

发展型养老保障，主要依托以下几个机制：①“个人缴费为主、政府补贴为辅”的经济供给体系。由于发展型养老保障满足的是个性化、高层次的养老需求，因此发展型养老的保障资金主要依托个人的自愿缴费，基于缴费金额的差异，实现保障服务的相应区隔。同时，这部分群体经济收入较高，具备自主缴费的能力。政府补贴只能满足这部分群体的个性化差异，并非发展型养老保障资金的主要筹集渠道。②“社区+社会”相结合的生活照料服务体系。发展型养老保障立足社区、面向社会，在生活照料方面，以社区为主导，为经济条件较好的群体提供个性化定制服务，如设施服务、定点服务及上门服务，内容涵盖生活照料、医疗康养、心理保健、文体娱乐、社会参与等。对于部分群体的较高层次需要，可以联结社会面向定点机构进行定制化服务，如健康体检、心理护理等，增加老年人生活情趣和生活质量。③“家庭+社区”的精神慰藉。发展型养老保障充分关注老年群体的精神慰藉需求和情感交流需要，注重家庭伦理关系的维系，注重熟人社区的运用，保障老年群体安享晚年、精神富足。

6.3 构建农村养老保障体系的创新机制

为实现农村养老保障服务的供需均衡，一方面需要把握农村的实际，构建养老服务供需双向均衡机制；另一方面需要政府与社会养老资源的协同支持。

6.3.1 精准的需求瞄准获取机制

农村养老服务需求的精准获取，不仅取决于科学化养老服务需求评估体系的建构，还离不开农村养老服务信息交流平台的搭建与贡献，依赖于农村养老服务动态监管机制。

建构评估体系是需求精准识别的基础。《中华人民共和国老年人权益保障法》明确规定要进一步健全养老服务评估制度。之所以强调评估制度和体系建设，是因为评估结果能为农村老人养老服务的供给提供重要依据，是发展养老社会服务的重要基础。科学化养老服务需求评估的标准设定，不仅决定着养老服务供给者的精准识别，而且有助于满足不同农村老年群体的个性化需求，如农村老年人的身体与精神状况、生活自理能力(自理、半失能、失能等)、老人对养老服务的目标需求，以及现有养老服务供给主体的响应能力等，将大大提升农村老人养老服务需求识别的精准度。

信息平台是精准识别的载体。在“互联网+”时代，信息技术为精准识别农村老人养老服务需求提供了技术手段。通过建设老人养老服务需求信息平台及资源数据库，可以大大缩短农村老人养老服务需求的识别时间。在信息平台上，可以搜集农村老人的家庭生活、身心健康以及所在社区（村庄）的基本情况，为每一位老人建档立卡，准确记录老人的性别、年龄、病史、健康状况等信息，建设专门的养老资源数据库。通过信息技术，养老服务供给主体可以在较短时间内精准定位每一位老人的养老需求，根据其具体养老需求，提供针对性的养老服务。同时，运用大数据技术，可以对某一个区域的老人养老服务进行量化分析，进行分类、分层，基于养老服务的供给能力，为其提供多样化的养老服务套餐，更贴近农村老人的养老服务需求。

动态监管机制是精准识别的保障。由于农村老人养老服务需求受外部影响大，因此需要建设养老服务需求动态监管机制。动态监管机制可以实时为政府部门、养老机构、社会组织等提供趋势预测或预警，以便于养老服务的相关供给主体基于养老服务需求的变化而适时调整。政府可以据此实时调整优化相关养老政策，以便于精准照顾到养老服务需求；市场主体可以实时调整养老服务供给方式（套餐），适应变幻莫测的市场，确保企业营利；社会组织，包括慈善机构，可以调整养老服务的重点，让老人满意。从某种意义上可以说，动态监管机制的建设不但可以有效地利用基础信息，而且能够确保农村养老保障以较为合理的方式持续有效运行。

6.3.2 以需求为导向的供给机制

养老服务需求的精准识别，是有效供给养老服务的前提和基础。要实现养老服务的供需均衡，离不开精准精细的供给管理机制。

一是精准化养老服务供给，认真识别和研判农村养老服务需求。根据不同需求主体（不同年龄阶段、不同需求重点、不同身体状况、不同家庭条件、不同经济状况等）的情况，提供针对性养老服务方案。在此基础上，要适当拓展养老服务供给主体，实现多元化供给，既有政府主办的老年医院，也有市场提供的护理中心，还有社会组织的文化中心、照料中心等。根据不同老人的养老服务需求，提供多层次服务。如居家养老者，专业机构可以为其提供正式照顾，也可以提供非正式家庭照顾，满足其不同的养老服务需求。要整合调动既有的资源，充分利用现代信息技术，提高养老资源的利用率。如将养老院、护理中心、文化中心、照料中心等纳入资源系统，让更多的老人就近享受优质的养老服务。

二是精细化养老服务供给，需要高效的管理机制。面对多种需求，如何协调政府、市场、社会组织间的关系，是一项新的挑战（丁建定，2013）。为此，要强化部门间、主体间的协同、联动。如不同政府部门间要形成较为有效的合作机制，发挥政府在农村养老服务供给中的作用，确保政府与市场、社会组织之间的良性互动与协作。要建构全过程精细化监管系统，对养老服务供给主体的服务质量、态度、专业技能等进行全程化监管，确保农村养老服务供给主体提供高质量服务。通过对农村养老服务供给主体的实时监管，提升其服务能力和水平。要注重农村养老服务行业从业人员的培训，以满足日益增长的服务需求。加强对从业人员专业能力、服务态度、敬业精神等方面的培训，保证农村养老服务的供给水平。

6.3.3 有效衔接需求的机制

确立有效衔接需求的机制需要政府的政策支持，政府在其中发挥主导作用，包括决策与资金支持。

长期以来，农民群体不知道如何表达需求、向谁表达、通过什么方式表达。我国农村社会保障体系经历传统保障、集体保障向社会保障的发展变迁，长期受计划经济体制下的管理方式的影响，农村社会保障供给和需求无法有效衔接，有限的保障资源利用效率低，农民缺少表达自身对社会保障需求的渠道。温铁军（2008）指出：“农村改革关键是农民有发言权。”农民社会保障的制度设计主要由政府来完成，与农民真正需求脱节。因此，确立农村社会保障供需均衡机制必须给予农民发言权，并改进现有农村社会保障决策机制。为此，要做好以下工作：①加强农民自组织化。动员组织农民，形成组织合力。农民发言权的实现有赖于农村合作组织的建设，通过体制创新提升农民市场经济主体的谈判地位，使其成为真正意义上的市场经济主体。农民合作组织、中介组织以及以政府为桥梁的其他代表农民利益的组织发展有利于农民话语权的提高。②形塑沟通表达机制，使农民的社会保障需求在社会保障制度设计上得以体现。因此，要完善和强化村民代表大会制度，使农民具有表达意愿的顺畅渠道。这个渠道应该是“自下而上”而并非“自上而下”的，在“自下而上”的社会保障供给决策机制中，农民具有知情、参与和决策的权利，从而使农民的需求在制度设计中得以体现。

6.3.4 养老资金多元化筹集机制

福利多元主义（Johnson，1987）认为，福利资金的来源呈现多元化特点。国家、市场与社会组织、家庭等，都同样有资金供给责任。鉴于西方福利国家出现的种种问题，结合我国的国情，多元化筹集是养老资金筹集的理性选择。农村养老保障不要拘泥于传统的保障方式，农村养老保障服务的供给主体应该涵盖政府、集体、私人和组织等（见图6-1）。

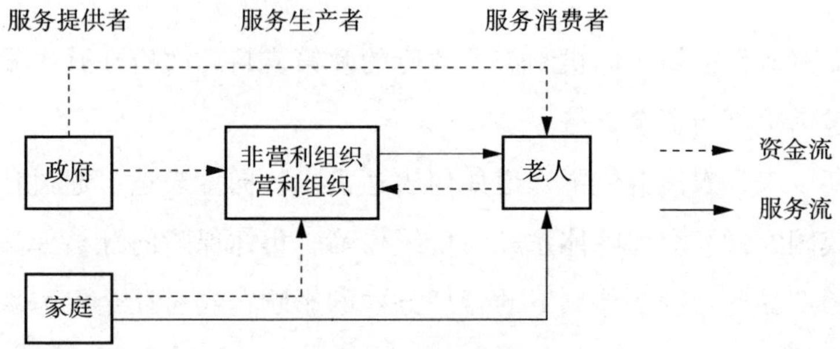

图6-1 农村养老保障多元化

资料来源：笔者自制。

一是政府作为公共服务的主体，应加大对农村养老服务的资金支持力度。为保障农村养老服务体系建设的有序推进，政府资金支持应制度化，形成农村养老服务资金的常态化、稳定化来源。农村社会保障建设实践证明，商业化和照搬城镇社会保障制度建设并不可行。农村养老保障建设和供给主体多元化过程中，强化政府的主导作用是关键。

二是在供给主体多元化的情况下，农村养老保障需求的变化会得到相关主体，特别是商业化主体的灵敏应对。本着“谁投资、谁受益”的原则，农民的养老需求可以得到有效满足。由于不同群体养老需求差异和地区经济水平的不均衡，政府供给在宏观上具有刚性。为了满足农村养老保障需求，保障资金筹集和供给主体的多元化是农村养老保障建设的有效途径。

三是积极有序地引导社会资本进入农村养老保障领域。在推进农村养老服务供给市场化基础上，鼓励和引导社会组织、个人进入养老服务市场，尊重市场规律并建立有序的竞争规则，在确保老人养老服务需求得到满足、老人个人利益不受损失的前提下，增加社会资本的投资收益，提升农村养老服务供给市场的活跃度。政府要进一步加大对社会组织（特别是非营利组织）的资金扶持力度，激发其参与农村养老服务供给的积极性和主动性。W县通过“以奖代补”的资助模式，聘请第三方对社会组织（包括非营利组织）的日常运作进行考核、评估，并参照考核结果，确立差异化的资助额度，促进社会组织（包括非营利组织）在提供农村养老服务时进行良性竞争（见表6-1）。

表6-1　非营利组织收入项目

收入项目		具体内容
1	捐赠收入	接受其他单位或者个人捐赠所取得的收入
2	会费收入	根据章程等的规定向会员收取的会费
3	提供服务收入	根据章程等的规定向其服务对象提供服务取得的收入
4	政府补助收入	接受政府拨款或者政府机构给予的补助而取得的收入
5	商品销售收入	销售商品等形成的收入
6	投资收益	因对外投资取得的投资净损益
7	其他收入	固定资产处置净收入、无形资产处置净收入等

资料来源：根据2012年财政部《民间非营利组织会计制度》整理。

四是增加资本化收入，实现养老金的保值增值。在乡村振兴中，通过土地流转、宅基地盘活以及集体产权确权，积极拓展农民资本化收入，增加养老金收入。同时借助较为完善、稳定的投资体系，将一部分集体养老金委托给专业投资公司进行市场化运作，增加资本化收入。但务必注意投资的多元化，在降低市场风险的同时，实现提高收益。

五是引导和发展慈善事业和社会捐赠，加大对农村养老保障事业的支持力度。借助血缘、地缘、业缘、趣缘等渠道，发动社会力量（企事业单位、社会团体和个人等）捐赠，助力农村养老保障事业的资金筹集。同时，适当扩大福利彩票公益金对农村养老保障的投入，提升农村养老保障资金的筹集能力。

6.4 完善多层次农村养老保障体系的具体措施

多元化养老保障包括社区养老、政府购买公共服务养老和社会养老，三者相互补充。

6.4.1 创新农村社区自我养老模式

在经济全球化、乡村空心化、农民流动化的当下，村落（社区）仍是留守老人的“全部世界”。传统的乡土社会虽然被冲击，但“熟人社会”中的“圈层关系”一直没有变化（费孝通，2013）。随着越来越多的农村青壮年远赴城市务工，留守老人的养老问题日渐凸显。在故乡养老，成为大多数老人的首要选择。在社会化养老尚未发展成熟，或尚未被大多数农村老年人接受时，乡土社会中的互助传统，在养老实践中发挥了重要作用，成为农村养老保障的重要选择。但这种养老模式或因为缺乏稳定的资金来源，或因为护理人才队伍不足，或因为养老服务场地有限，发展面临着多重压力和制约。为此，可通过政府、社会、市场等多种主体筹集资金，整合当地医疗、医学教育、培训机构的相关资源，提升农村社区养老服务从业人员的专业素养，扩充农村社区养老服务的志愿者；利用“互联网+”技术统筹县域、镇域或区域（镇下辖的几个村）照料中心、文化中心、空置的学校、村两委办公楼等，为社区养老提供资金、人才、场所等要素支持。

具体来说，可以从以下几个方面加以推进。

一是通过财政资金的引导和支持，推动社区养老服务能力建设，探索不同服务形式。调查发现，W 县农村社区养老服务面临的一个突出问题就是资金缺乏。对农村地区尤其是经济欠发达地区的财政转移支付，推动了各地方积极探索适合于当地的社区养老服务供给模式，如集中居住、志愿者服务等。政府需在这一过程中承担起相应的财政责任，通过财政扶持，引导社区养老服务的发展。在养老服务体系规划和建设中，应将农村地区的养老服务体系建设纳入整体规划设计，统筹好城乡关系，确保城乡老年人在基本社会养老保障中的平等地位，政策、财政资源要适当向农村地区倾斜。

二是以农村社区为基础平台，对社区内的场地、设施、服务机构等资源进行整合，引导养老机构、志愿性组织、留守老人、留守妇女等参与社区养老服务。社区养老服务建设务必切合农村实际，农村相比城市有很多特殊之处，如地域广阔、居住分散、社会经济发展水平低、居民收入低、观念更为传统，等等。根据农村实际探索、创新社区养老服务供给形式，并非要求每一个农村社区必须建立社区养老服务中心，而要发挥社区基础平台的作用，整合好农村的各种资源，包括留守老人、留守妇女等。每个农村社区单独设立一个机构，在建设和运营方面将面临资金、人员、设施等方面的难题，容易出现走过场、“面子工程”等问题。为此，可由相邻几个农村社区联合设立社区养老服务中心，或者发挥每个农村社区平台的基础性作用，通过社区衔接养老机构、志愿性组织等力量参与社区养老服务供给。

三是从农村具体实际出发，创新社区养老服务供给形式。在人力、物力、财力等有限的地方，可以先将养老服务加入已有社区服务中心的社会服务项目中，待时机成熟逐步建立中心服务机构。集中居住、老年人之间的互助帮扶等服务模式在农村地区具有一定的适应性，笔者调查也发现，这种依托农村集体、发挥老人互帮互助作用的方式是农村社区养老服务供给的有效形式，在集中居住情形下可予以适当推广。另外，可尝试借鉴国外社区服务的经验，建立“实践储蓄银行”。例如，德国的“储存时间”政策，鼓励成年人利用节假日和个人休息时间义务为老年机构的老年人提供护理服务。当其年老需要护理照顾时，可按照其之前参与照料服务所储存的时间接受相应的免费服务。

6.4.2 优化政府购买养老服务模式

农村养老机构的空床率表明，单纯依靠养老机构难以解决农村老年人的养老服务供给问题。应该根据农村老年人尤其是失能老人、失独老人、独居老人等群体的需求，探索政府购买养老服务的不同供给形式。

一是建立公共财政投入稳定增长保障机制，公共财政适当向农村地区倾斜。由政府财政支付养老服务，向失能老人、失独老人、独居老人、空巢老人提供服务。由政府支付的养老服务主要满足老年人的基本生活需要，因此需要强化政府的财政责任，特别是强化省级甚至是国家级公共财政责任，通过转移支付，建立与经济发展水平相适应的增长机制，克服财政投入的临时性和随意性。

二是加大探索农村地区政府购买养老服务的政策实践。把政府购买养老服务作为新农村建设的重要内容，通过政府财政资金的投入，一方面引导社会、社区参与养老服务的供给；另一方面体现政府承担农村老年人养老服务供给的财政责任。

三是建立养老服务使用者导向的照料服务体系。结合当前新农村建设和社区建设的实际，根据农村老年人的需求，建立以养老服务使用者为导向的照料服务体系，提高照料服务的针对性、可及性和利用程度，切实解决老年人的照料问题，使养老机构建设更契合农村老年人的需求。

四是逐步将农村敬老院改建、扩建为具备收养、日间照料、文体活动等功能的综合性社会福利服务中心。改变只重视养老机构床位数的做法，改建、扩建农村敬老院等养老机构，针对农村老年人的实际需求提供相应服务项目，一方面可以为农村居家老人提供部分上门服务；另一方面可以让有需要的农村老年人在服务中心获得必要服务。

6.4.3 扶持社会养老服务机构发展

当前，扩大个人支付的机构化养老服务供给是政府的一个重要政策目标，并对民营养老机构给予资金、用电、用水、土地等优惠政策。但这对于民营养老机构的发展还远远不够，民营养老机构并没有获得与公办养老机构同等的地位，导致民营养老机构在市场竞争中处于劣势。为此，需要在以下几个方面加以改善。

一是通过财政转移支付，增加民营养老机构建设、运营的补贴。目前对民营养老机构的补贴和资助主要依赖市、县两级财政，这对于部分经济欠发达地区的民营养老机构来说，往往难以获得足够的财政补贴。为此，不仅需要强化省级政府在民营养老机构建设、运营中的财政责任，还需要建立专项财政转移支付机制，引导农村地区民营养老机构的发展。

二是加大政策保障支持力度。为助力社会养老服务机构的发展，国家加大相关政策支持力度。例如，通过科学规划布局增加养老服务设施用地供给，通过简化或优化存量土地用途变更，支持在存量场所上改建养老服务设施用地，解决农村社会养老服务机构落地难问题，协助更多社会养老服务机构融入农村养老市场。同时，通过多种途径加强养老服务人才队伍建设，不仅为农村社会养老服务机构的发展注入持续活力，而且提升了社会养老服务机构的供给能力，以适应农村老人的多元化需求。特别是对老年人的精神关爱，是提升养老服务水平的一项重要内容。但这类服务在我国养老机构中仍非常缺乏，且这种关爱在“失独老人”逐渐增多的背景下显得尤为重要。

三是尝试公私合营、政府购买服务等方式扶持养老服务市场和民营养老机构的发展。由政府专门设立公办养老机构容易导致效率低、服务差等问题，在科学预测农村老年人对养老机构服务需求总量的基础上，尝试以政府购买服务、公私合营等方式，给予民营养老机构平等的市场地位和发展空间，发挥市场的资源配置功能，打破当前农村养老服务市场“惨淡经营”的困局。

6.5 小结

本书从需求、供给和供需均衡逻辑的三个视角对农村养老保障进行了深入分析，以W县为案例来阐述农村养老保障服务的供需关系。基于此，本章在已有基础上，提出构建农村多层次供需均衡的养老服务保障体系，即坚持公平取向、供需均衡、政府责任重构的基本原则，围绕生存型、生活型、发展型三种基本养老保障，尝试构建供需均衡的养老保障体系，形塑出精准识别需求的瞄准机制、需求为导向的供给机制、有效衔接需求的决策机制、多元化资金筹集机制。最后，通过创新农村社区养老模式，优化政府购买养老服务，扶持社会养老服务机构发展等模式，进一步完善多层次供给均衡的农村养老保障体系（见图6-2）。

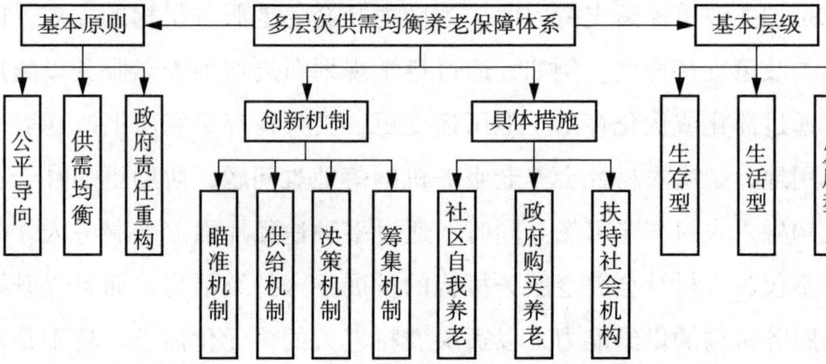

图6-2　多层次供需均衡养老保障体系

资料来源：笔者自制。

第 7 章

研究结论与讨论

7.1 主要结论

脱贫攻坚任务顺利完成后，国家开始实施乡村振兴战略。从政策的顶层设计到基层落地，对发展农村养老保障事业起到至关重要的作用。从调研情况看，中国东西部地区间经济发展水平差异显著，老人群体分化严重，农村养老保障服务供需失衡明显。为了解决农村养老保障服务供需失衡问题，构建多层次供需均衡养老保障体系是本书的重要结论。多层次是立足于养老需求的多元化，供需均衡是应对供需失衡而提出的对策。养老保障是个综合系统工程，需要人力、物力、财力等各类资源集聚方能发挥效能，需要建构完善的机制，保证治理体系顺畅和运转高效。基于此，本书结合W县养老保障服务需求、供给和供需均衡逻辑等研究，在构建多层次供需均衡的养老保障体系框架下，得出如下几点结论。

7.1.1 农村养老保障服务供需均衡是一个渐进动态过程

供需均衡是一种波动状态，失衡和均衡状态是相对的。从历史视角看，供需均衡是一种渐进动态过程。结合农村养老保障，养老服务的供需矛盾一直存在，不能达到静态平衡，只能实现动态均衡。因为养老保障涉及面广泛，受地区经济发展状况、老年人身体状况、不同时期国家政策、市场、非正式组织群体等要素影响。置于历史时间轴，过去、现在及未来情况都是变化的，养老需求也随着波动变化。供给主体是多元的，但政府、企业和个人的供给又是不足的。主体多元为精准供给创造了条件，精准供给要从需求出发，要满足老人的多样性需求。遵循公平导向、注重供需均衡、重构政府责任担当，是对于养老保障供需均衡理念的再提升。树立供需渐进动态均衡，能够更好地构建多层次供需均衡养老保障体系。供需均衡的渐进性、动态性、过程性，要求从顶层设计政策，不能“一刀切”，基层不能机械执行，要留足政策设计和实践空间，给予政策更多包容以应对各个区域的差异性，因地制宜精准施策，在基本原则和底层逻辑方面达成共识、革新理念，更好地理解农村养老保障供需均衡的基本价值和深远意义。

7.1.2 农村养老保障多元化需求助推分类管理与精准施策

调研发现，农村养老服务对象识别的不精准、保障服务主体间协调机制缺失、服务内容单一，反映农村养老服务的精准化水平整体上较低。与当前农村养老保障需求存在张力，导致供需错位。不同供给主体基于自身偏好和利益出发，忽视了农村养老保障服务首先要解决“为谁提供服务”“谁来提供服务”“提供什么服务”“如何提供服务”和“谁来支持服务”等问题，即一切应以农村养老保障需求为第一出发点，提供更为精准的养老产品和服务。

针对不同层次层级需求进行分类管理，才能精准施策，如W县的慈善幸福院，是面向农村经济收入有限的老人。根据农村养老保障的生存型、生活型及发展型不同层级定位（见表7-1），提供差异化养老保障服务。从需求出发，将W县的困难家庭养老保障与精准扶贫结合起来，为这些特殊老人提供精准化的养老服务，取得较好效果。这表明对农民需求的精准化把握是解决不同农民群体养老问题的出发点。但对于大多数农村社区来说，由于农民参与的社会养老保险保障范围广，受众人群规模大，保障水平不高；而处于第三层次的商业保险门槛较高，难以有效吸引农民参与。要构建多层次的养老保障体系，需要重新审视农民的养老需求。在坚持政府主导的前提下，以市场化形式调查不同群体的精准养老需求，针对生存型、生活型、发展型养老保障，具体到自理型老人、半失能老人、失能老人等群体，进一步聚焦老年人的需求，从而精准施策，为构建以家庭养老为支柱、社会养老保障为辅助、商业保险为补充的多层次、多样化农村养老保障制度体系做好准备。

表 7-1 农村地区不同行为能力老年人养老服务需求

老人类型	生存型（困难群体兜底保障）	生活型（一般生活服务保障）	发展型（高质量养老差异化需求保障）
自理型老人	城乡居民养老保险，新农合、低保、高龄津贴补助、基本生活救助等	老年辅助工具的使用，健康管理与预防支持，延缓其过早进入半失能/失能状态	老年宜居环境、适老化改造、鼓励其社会参与等
半失能老人	以“基本生活照料+医疗照护”服务为主，完善社区递送服务等	完善“居家+社区”养老模式（为其提供专业化照护）	由市场提供较高层次的“社区+机构”养老服务
失能老人	政府为其提供集中医养照顾	参加民办/公办等性质的养老机构，寻求专业化照护	高端商业化、机构养老（康复疗养一体化等）

资料来源：笔者自制。

7.1.3 多元主体间协同融合，形塑多层次均衡农村养老保障体系

多元主体间协同互动，强化了主体间的深度融合。对于成熟稳定的农村养老保障体系，需要在多方主体间协同融合基础上，明晰主体间的边界，形成有机互动体系，整合各主体间不同类型资源，使资源集聚化、优质化。在多层次供需均衡的养老保障体系框架下，政府、市场和社会等不同主体间要根据各自禀赋发挥不同效用，达到最大效能。一些地方政府往往热衷于养老机构建设，但是不能以市场化的方式提供精准化养老产品，服务结构错位，降低了服务效率。社会民办养老机构由于资金限制，缺乏长远规划，对养老机构如何优化布局、建立合适档次、为不同群体提供精准化服务内容等缺乏调研、规划和设计。只有各主体协同融合，才能更好地创新制度机制，即建立需求瞄准机制、供给机制、决策机制、资金筹集机制。

同时，在乡村振兴大背景下，根据多层次养老保障体系的层级划分，国家、企业、个人等不同类型主体，分别发挥不同作用，政府在供给协同

中起主导作用。政府通过宏观管理，承担社会兜底责任，通过养老制度的制定完成对政府的职能准确定位。政府在农村养老保障中的作用是保证公平、高效地提供更高水平的养老服务，而这需通过市场化机制实现。为此，要将市场力量引入养老服务体系，重构社会化养老服务各主体的责任分担机制。养老主体多元协同，是在国家政策的支持下，企业、社会组织、社区等多元力量共同参与促进农村养老服务市场的发展。多元协同发展包括以政府领唱形成社会合唱、以模式创新盘活养老市场、以深度融合发挥社会组织能力，以及激活社会力量提供精细服务。

7.1.4 以农村多元化养老服务模式，丰富养老保障的基本意涵

实施乡村振兴战略要求从根本上改变供需结构失衡的状况，实现城乡融合发展，有效解决农村养老保障水平低、供需错位及城乡“二元”分割的问题。因此，乡村振兴战略为提升农民养老保障水平、解决供需失衡等问题提供契机。可从以下三个方面展开。

一是从外部政策来看，以国家各种惠农政策激活乡村自身资源，提升农民的经济收入和生活水平，不断完善农村养老基础设施，培养大批专业的养老服务人员，使城乡之间供给水平整体保持平衡。

二是从资源输入角度来看，乡村振兴背景下不仅有养老资金输入农村，而且各种优惠政策会引导资本、企业和人员下乡。在完善农村养老保障体系过程中，动员社区保障资源的同时，利用集体的土地、闲置的房屋等资源，让下乡资本和农村土地、房屋资源相结合，发挥集体在农村养老保障中的重要作用。要继续加大国家财政对农村养老保障体系建设的投入，地方政府及村民自治组织也应做好社区保障，利用好农村居民长期共同居住而形成的互助传统。鼓励老年人积极参与互动活动，发挥老年人的力量，丰富老年人的精神生活和服务意识。

三是从乡村内生动力看，借助于国家实施的农村集体产权制度改革，将农村现有的养老潜力发挥出来，同时促进农村剩余劳动力向外转移，或者就地转化。盘活农村现有的各种资源，通过市场机制把资源转化为资产。一方面可增加农民的收入，对提高农民的养老保障水平具有积极作

用；另一方面通过市场运作方式，让乡村成为发展主体。农村资产性资源与资本技术等相结合，增加集体收益，有利于推行“家庭+社区”的养老模式。

整体上，构建多层次供需均衡的农村养老保障体系需要立足农村基层实际，把握好战略机遇期，在已有基础上，创新农村社区自我养老、政府购买服务养老、社会养老机构养老的多元养老服务模式，更好地构建多层次供需均衡的农村养老保障体系。

7.2 延展讨论

供需最初是经济学概念，引入社会保障领域后侧重强调保障的价值和意义，意含政府层面的责任担当、统筹并优化资源配置，为民众提供基本生活保障。从现代社会层面看，社会保障是一项基本人权（何文炯，2021）。在完成脱贫攻坚任务，实施乡村振兴战略大图景下，农村养老保障至关重要，乡村实现全面振兴，离不开农村养老保障的发展。本书立足于实施乡村振兴战略大背景，考虑农村养老保障问题的广泛性，重点以W县农村养老保障服务的供需作为研究对象，聚焦农村养老保障服务供需均衡是如何实现，透视国家不同时期养老保障政策制度变迁，从需求和供给及供需均衡逻辑层面，研究构建多层次供需均衡农村养老保障体系的价值意义，为解决农村养老保障服务供需失衡问题提供有益借鉴。基于此，可以从以下两个方面继续探讨农村养老保障服务供需均衡问题。

一方面，均衡是个相对概念，需要清晰界定时间节点和范围，才能达到供需的渐进均衡。广义上讲，各个地区农村养老保障都无法达到绝对均衡态势。日常基层治理实践，主要就是为了解决供需失衡问题，即失衡是常态。但是通过各类资源集聚、各类主体的协同以及各类政策的加持，农村养老保障服务供需均衡在一定范围内是动态渐进的，是一个波动过程和相对状态。基于此，在后期研究中需进一步丰富农村养老保障服务供需的实践内涵，树立大均衡概念，增进学术研讨深度。

另一方面，多层次与供需关系。多层次是针对多元化需求而出台的举措，供需关系是养老保障实践中所面对的日常问题，二者之间是耦合关系。联结多层次与供需关系，可以实现更为深入的协同，因为二者内在可以统筹为一个体系范畴。要解决农村养老保障服务供需失衡问题，就需要构建多层次的供需均衡保障体系，逐步消解养老保障实践中的失衡问题。本书通过案例实证分析，提出了构建多层次供需均衡的农村养老保障体系的重要性。在今后研究中，可继续围绕供需均衡问题，丰富多层次体系的基本意涵。

农村养老保障在不同历史时期具有不同的内涵和要求，在当前实施乡村振兴和推动共同富裕大背景下，我们应继续探究农村养老保障多层次供需均衡保障体系的内涵及价值意义。

7.3 贡献与不足

本书立足于县域层面，全面审视、考察县域农村养老保障供需是何、为何、如何的问题，据此从需求、供给及供需逻辑视角，探讨了农村养老保障的供需问题，进一步构建了农村多层次供需均衡养老保障体系，提出农村养老保障的供需均衡是一个渐进动态过程，应坚持以需求为导向，分类管理、精准施策，使多元主体间协同融合，形塑多层次均衡体系的制度机制，把握乡村振兴战略机遇，探索居家、政府购买服务、社区养老等多元养老模式。因此，构建多层次供需均衡养老保障体系具有一定普适性，作为农村养老保障的治理经验，对于不同时期指导农村养老保障工作具有借鉴意义。具体而言，本书的贡献包含以下两个方面。

一方面，从研究内容看。本书紧跟国家政策与时事热点，关注了农村养老保障供需如何实现，梳理了中国养老保障制度的历史变迁，分析了养老保障的基本特征和养老需求，剖析了城乡二元结构下中国农村养老保障服务的供需失衡问题。在此基础上，进一步阐述了中国农村养老保障的发展趋势，从总体上把握中国农村养老保障的现状和未来发展趋势，并选取

W 县作为具体案例，研究内容较为丰富扎实。

另一方面，从研究视角看。本书结合需求、供给和供需均衡逻辑三个层面，全角度审视了农村养老保障的供需问题。在需求层面，通过类型化、根源性、多层化三个维度展开论证；在供给层面，构建了供给主体、供给对象、供给内容、供给模式四维分析框架，为构建多层次社会养老保障体系打下坚实基础。基于此，提出坚持公平取向、供需均衡、政府责任重构的基本原则，围绕生存型、生活型、发展型三个养老保障基本层级，尝试构建供需均衡的养老保障体系，创新农村社区自我养老模式，优化政府购买服务养老模式，扶持社会养老服务机构发展等，进一步完善了多层次供给均衡的农村养老保障体系。

因个人研究水平、研究单位选择、资料获取等主客观方面的限制，本书存在以下不足。

研究单位选择方面。本书以豫西北 W 县为田野调查点，针对该县的农村养老保障的供需问题进行素描和深度访谈调查，基于此得出相关研究结论。但是 W 县只能作为我国中部某个县域的典型代表，相关结论的获得并未与其他中西部县域进行比较研究，其他县域农村养老保障供需实践各方面也可能存在治理差异。个案研究强调具体案例点的解释力，不追求统计学意义上的代表性，故在今后研究中，须参照不同地域农村养老保障供需实践进一步丰富理论和实践研究。

研究资料获取方面。尽管本书基于大量的调研资料进行阐述论证，但是县域层面的研究，资料更为丰富，且不易把握，尤其是一些核心的决策信息和决策过程很难深入其中，这给进一步深入研究带来困难。更多资料只能通过访谈相关干部获取，但这种收集方式存在局限性。对此，在今后研究中，要不断丰富资料，延伸研究的广度和深度。

参 考 文 献

中文专著

［1］柴效武．养老保障与养老模式探寻［M］．杭州：浙江大学出版社，2018.

［2］邓大松，等．中国社会保障若干重大问题研究［M］．深圳：海天出版社，2000.

［3］丁建定．中国社会保障制度体系完善研究［M］．北京：人民出版社，2013.

［4］贾丽萍．中国养老保障整合：历程与挑战［M］．北京：社会科学文献出版社，2020.

［5］科林·吉列恩，约翰·特纳，克利夫·贝雷，等．全球养老保障：改革与发展［M］．杨燕绥，译．北京：中国劳动社会保障出版社，2002.

［6］李树挺，等．中国社会保险问题与对策研究［M］．北京：北京航空航天大学出版社，1994.

［7］刘杨．中国社会养老保障广义缺口问题研究［M］．北京：中国书籍出版社，2018.

［8］刘永富．中国劳动和社会保障年鉴［M］．北京：中国劳动社会保障出版社，2000.

［9］陆学艺．当代中国农村与当代中国农民［M］．北京：知识出版社，1991.

［10］卢旺．地方本科院校服务地方机制创新研究［M］．北京：中国经济出版社，2019.

［11］麻国庆．美好社会与美美与共：费孝通对现时代的思考［M］．北京：生活·读书·新知三联书店，2019.

［12］马克思．资本论（第三卷）［M］．北京：人民出版社，1975.

［13］马克思，恩格斯．马克思恩格斯全集（第 19 卷）［M］．北京：人民出版社，1965.

［14］马克思，恩格斯．马克思恩格斯选集（第 2 卷）［M］．北京：人民出版社，1972：207.

［15］米红，杨翠迎．农村社会养老保障制度基础理论框架研究［M］．北京：光明日报出版社，2008.

［16］穆怀中．社会保障国际比较［M］．北京：中国劳动社会保障出版社，2014.

［17］裴晓梅，房莉杰．老年长期照护导论［M］．北京：社会科学文献出版社，2010.

［18］蒲新微．养老保障与政府责任［M］．北京：中国劳动社会保障出版社，2016.

［19］钱伯海，等．供需平衡经济学［M］．北京：中国经济出版社，1997：34.

［20］谭克俭，等．农村养老保障体系构建研究［M］．北京：中国社会出版社，2009.

［21］田北海．以农民需求为导向的农村养老保障制度研究［M］．北京：中国社会科学出版社，2017.

［22］王永梅．需求侧视域下我国养老服务保障研究［M］．北京：经济管理出版社，2020.

［23］王子今，刘瑞斌，常宗虎．中国社会福利史［M］．武汉：武汉大学出版社，2016.

［24］韦璞．农村老年人社会资本对生活质量的影响［M］．北京：经济科学出版社，2009.

［25］习近平．习近平谈治国理政［M］．北京：外文出版社，2014.

［26］杨翠迎．社会保障学［M］．上海：复旦大学出版社，

2015：207.

［27］杨清哲．老龄化背景下中国农村养老保障问题研究［M］．长春：吉林人民出版社，2018.

［28］姚俊．嵌入性视角下农村养老保障制度研究［M］．北京：中国社会科学出版社，2018.

［29］于洪．外国养老保障制度［M］．上海：上海财经大学出版社，2005.

［30］张敬一，赵新亚．农村养老保障政策研究［M］．上海：上海交通大学出版社，2007.

［31］张宁，吴雄，唐虹，等．中国农村养老保障的历史演进与现实考察［M］．成都：西南财经大学出版社，2018.

［32］张琦，高振南．中国农村土地制度改革与体系建设模式［M］．北京：中国财政经济出版社，1994.

［33］中华人民共和国民政部．中华人民共和国2017年社会服务发展统计公报［M］．北京：中国社会出版社，2018.

［34］周莹．中国农村养老保障制度的路径选择研究［M］．上海：上海社会科学院出版社，2009.

［35］朱青．中国养老保险制度改革：理论与实践［M］．北京：中国财政经济出版社，2000.

中文期刊论文

［1］白描，吴国宝．农民主观福祉现状及其影响因素分析——基于5省10县农户调查资料［J］．中国农村观察，2017，133（1）：41-51，141-142.

［2］白维军，田焱．新型城镇化背景下的民族地区乡村养老服务模式构建［J］．贵州民族研究，2018，207（5）：41-44.

［3］白维军．养老服务高质量发展：何以可能？何以可为？［J］．社会科学战线，2019，289（7）：222-228.

［4］蔡继红．马斯洛需要层次学说述评［J］．理论界，2011，452（5）：86-88.

［5］曹永红，丁建定．改革开放以来中国农村养老保障制度体系的变

迁与评估——以“社会保障制度三体系”为分析框架［J］. 理论月刊，2016（7）：140-146.

［6］陈浩天，李玲睿. 近十年来中国农村养老服务的研究趋向与价值前瞻——基于 Cite Space 知识图谱的可视化分析［J］. 西北人口，2021，42（5）：80-90.

［7］陈佳. 我国家庭代际支持的子女性别差异——社会养老资源的调节作用［J］. 西北人口，2021，42（6）：99-112.

［8］陈军亚. 由家到国、家国共责：“老有所养”的中国治理进程——基于大型农村实地调查的认识和启示［J］. 政治学研究，2018，141（4）：58-67，127.

［9］陈欣欣，陈燕凤，龚金泉，等. 我国农村养老面临的挑战和养老服务存在的突出问题［J］. 中国农业大学学报（社会科学版），2021，38（4）：64-77.

［10］陈新春. 论经济均衡的存在性与稳定性问题［J］. 商场现代化，2012，696（27）：123-124.

［11］邓利虹，孙璐. 基于马斯洛需求层次理论的农村空巢老人养老需求分析［J］. 商，2015（18）：75-76.

［12］丁红娟，史健勇. 关于养老保险“统账结合”模式的思考——从替代率和多支柱角度［J］. 北方经济，2009，209（12）：8-9.

［13］丁建定，倪赤丹. 论中国社会养老服务体系建设的重要转型——基于改革开放以来的一种历史比较分析［J］. 学海，2021（6）：109-113.

［14］丁煜，朱火云，周桢妮. 农村互助养老的合作生产何以可能——内生需求和外部激励的必要性［J］. 中州学刊，2021（6）：79-85.

［15］杜鹏，王永梅. 乡村振兴战略背景下农村养老服务体系建设的机遇、挑战及应对［J］. 河北学刊，2019，39（4）：172-178+184.

［16］樊舸. 关于构建我国农村多层次综合性养老保险立法体系的思考［J］. 贵州工业大学学报（社会科学版），2008，53（6）：86-88+96.

［17］范逢春. 建国以来基本公共服务均等化政策的回顾与反思：基于文本分析的视角［J］. 上海行政学院学报，2016，85（1）：46-57.

[18] 冯川．农村老年群体本位治理模式及其运行基础——基于山东省蚕庄镇西村的治理经验［J］．中国农村观察，2020（6）：35-48.

[19] 冯杰，郑泓．政策视域下中国政府养老服务职能的演变及出路［J］．中国卫生事业管理，2019，36（11）：834-838.

[20] 付舒，韦兵．合理存在与认同危机：社区养老模式发展困境及出路［J］．社会科学战线，2018，277（7）：240-246.

[21] 耿香玲．有效供给视角下苏州市老龄产品供需匹配问题研究［J］．常熟理工学院学报，2016，187（3）：45-50.

[22] 关信平．公共性、福利性服务与我国城市社区建设［J］．东南学术，2002（6）：50-53.

[23] 国家统计局．第七次全国人口普查公报［Z］．2021-05-11.

[24] 韩沛锟，程瑶瑶．农村养老服务：需求、政策实践与发展展望［J］．学习论坛，2021（2）：96-103.

[25] 韩振燕，柳汀．家庭养老非正式制度演变及价值驱动［J］．江淮论坛，2021（1）：141-146.

[26] 黄俊辉，李放，赵光．农村社会养老服务需求评估——基于江苏1051名农村老人的问卷调查［J］．中国农村观察，2014，118（4）：29-41+51.

[27] 郝亚亚，毕红霞．农村空巢老人社区居家养老选择意愿分析——基于山东省的问卷调查［J］．调研世界，2017（8）：23-31.

[28] 何倩倩．老龄化背景下农村家庭养老困境与应对——基于两代老人共存现象分析［J］．贵州社会科学，2021（8）：151-158.

[29] 胡秋明．多层次养老保险制度协调发展探讨［J］．财经科学，2000（3）：90-93.

[30] 黄河银，张蓝之，张勤修，等．多种养老模式和服务技术现状与思考［J］．中国老年学杂志，2021，41（1）：203-207.

[31] 黄宏磊．老龄化背景下农村多元化居家养老服务体系建设研究——以湖北省为例［J］．农业经济，2012（3）：61-62.

[32] 黄俊辉，李放，赵光．农村社会养老服务需求意愿及其影响因

素分析：江苏的数据［J］. 中国农业大学学报（社会科学版），2015，32（2）：118-126.

［33］黄俊辉 . 农村养老服务供给变迁：70 年回顾与展望［J］. 中国农业大学学报（社会科学版），2019，36（5）：100-110.

［34］纪春艳 . 农村"时间银行"养老模式发展的优势、困境与应对策略［J］. 理论学刊，2020（5）：140-148.

［35］蒋军成，高电玻，张子申 . 我国社会养老服务体系供给侧改革：个省案例研究［J］. 湖北社会科学，2018（4）：48-57.

［36］蒋军成 . 农村养老保障的制度演进与发展趋势探析［J］. 云南民族大学学报（哲学社会科学版），2017，34（2）：67-77.

［37］金海和，李利 . 社会保障与政府责任——以中国农村社会保障体系建设为例［J］. 中国行政管理，2010（3）：59-62.

［38］金华宝 . 社区互助养老：解决我国城乡养老问题的理性选择［J］. 东岳论丛，2014，35（11）：123-127.

［39］康芳，李长远 . 社会资本参与养老服务的理论逻辑、实践困境及其破解之道［J］. 理论导刊，2019（6）：29-34.

［40］康珂 . 经济新常态下的供给侧结构性改革：背景、逻辑与路径［J］. 现代管理科学，2016（9）：39-41.

［41］李超 . 政府购买农村养老服务的目标定位［J］. 经济研究参考，2014（52）：53-57.

［42］李国和，曹宗平 . 乡村振兴战略背景下农村留守老人关爱服务的困境与出路［J］. 兰州学刊，2021（6）：151-160.

［43］李红艳 . 当代乡村文化生产的实践特征及其理论价值［J］. 人民论坛·学术前沿，2018（13）：58-67.

［44］李红艳 . 新媒体技术助力乡村治理［J］. 人民论坛，2021（1）：69-71.

［45］李玲，黎嘉辉 . 探索中国式农村医养结合［J］. 中国农业大学学报（社会科学版），2021，38（4）：91-102.

［46］李俏，贾春帅 . 合作社养老：运行逻辑、实践检视与未来展望

[J]. 改革，2020（2）：149-159.

[47] 李俏，孙泽南. 合作社融入农村养老供给的逻辑、模式与效应 [J]. 西北农林科技大学学报（社会科学版），2021，21（1）：114-122.

[48] 李俏，孙泽南. 农村互助养老的衍生逻辑、实践类型与未来走向 [J]. 中南民族大学学报（人文社会科学版），2021，41（10）：98-107.

[49] 李俏，许文. 农村养老服务供给侧改革的研究理路与实现方式 [J]. 西北人口，2017，38（5）：51-57.

[50] 李思思. 基于土地功能视角的农村社会保障体系构建 [J]. 农业经济，2020（9）：77-79.

[51] 李小兰. 我国养老服务公共政策结构的失衡与纠偏 [J]. 探索，2015（6）：104-109.

[52] 李小琳. 农村养老服务体系的实践困境与出路 [J]. 农业经济，2019（11）：82-83.

[53] 李永萍. 中国农村养老的制度优势与实践定位——兼论互助养老的路径 [J]. 贵州社会科学，2021（8）：159-168.

[54] 李增元，李艳营. 乡村振兴战略背景下的农民"资源养老"及其实现形式 [J]. 齐鲁学刊，2020（6）：99-109.

[55] 李长远，张会萍. 包容性发展视角下农村养老服务发展的非均衡性及调适 [J]. 现代经济探讨，2018（11）：121-126.

[56] 连芙蓉，贾涵颀. 社会转型中农村养老方式的历史演进与现实困境 [J]. 兰州大学学报（社会科学版），2021，49（4）：98-107.

[57] 连祎晓，贾晓灿，鲁锋，等. 河南省农村居家养老服务需求的影响因素 [J]. 郑州大学学报（医学版），2016，51（5）：606-610.

[58] 林义. 西方国家社会保险改革的制度分析及其启示 [J]. 学术月刊，2001（5）：29-36.

[59] 林毓铭，龚觉非. 世界呼唤多支柱的养老保险体系 [J]. 上海保险，1996（6）：47-48.

[60] 刘春梅. 农村养老资源供给能力的区域差异分析 [J]. 农业经

济，2015（12）：67-69.

［61］刘堃，高琛卓，代秀亮，等．基于子女视角的父母养老模式选择的影响因素［J］．中国老年学杂志，2021，41（17）：3832-3835.

［62］刘妮娜，高秀文．救助的扩展：农村居家社区养老服务的发展路径——以北京市为例［J］．天津行政学院学报，2020，22（2）：51-59.

［63］刘荣君，吴光宇，赛吉拉夫．我国农村养老保险制度的完善：现实挑战与实践路径［J］．西南金融，2021（12）：92-102.

［64］刘小春，张果，谭小龙，等．农村居民养老服务供需形成机理——基于结构方程模型分析［J］．农林经济管理学报，2020，19（3）：379-388.

［65］刘晓梅，刘冰冰，成虹波．农村医养结合运行机制构建研究［J］．延边大学学报（社会科学版），2019，52（2）：99-107，143.

［66］刘晓梅，刘冰冰．社会交换理论下农村互助养老内在行为逻辑与实践路径研究［J］．农业经济问题，2021（9）：80-89.

［67］刘亚娜，谭晓婷，李玉柳．中国政府推进老龄事业与养老体系建设的方案、演进与策略反思——基于注意力配置的研究［J］．中共福建省委党校（福建行政学院）学报，2021（2）：99-109.

［68］刘燕．西南欠发达地区农村老年人对医养问题的认知与需求分析［J］．西北人口，2018，39（5）：119-126.

［69］刘艺，范世明．公共产品理论指引下构建农村养老服务供给主体支持体系研究——基于不平衡不充分的视角［J］．湖南社会科学，2018（3）：130-137.

［70］龙玉其，张琇岩．家庭在养老服务中的作用：传承、变迁与展望［J］．河北大学学报（哲学社会科学版），2019，44（6）：130-137.

［71］卢晓莉．农村“留守老人”养老服务的地方实践及启示——以成都市为例［J］．农村经济，2017（4）：68-72.

［72］鲁可荣，金菁．农村居家养老何以可行及可持续——基于浙江“金东模式”的实证分析［J］．中国农业大学学报（社会科学版），2015，32（6）：87-93.

[73] 陆杰华，郭芳慈，陈继华，等．新时代农村养老制度设计：历史脉络、现实困境与发展路径 [J]. 中国农业大学学报（社会科学版），2021，38（4）：113-122.

[74] 陆杰华，沙迪．新时代农村养老服务体系面临的突出问题、主要矛盾与战略路径 [J]. 新疆师范大学学报（哲学社会科学版），2019，40（2）：78-87，2.

[75] 罗格莲，林瑾文，张杏，等．福建省多层次养老服务供求现状及对策研究 [J]. 福建医科大学学报（社会科学版），2017，18（1）：17-21，65.

[76] 罗晓晖．乡土公共性建构：破解农村互助养老发展困境之道 [J]. 长白学刊，2021（4）：135-141.

[77] 吕雪枫，于长永，游欣蓓．农村老年人的机构养老意愿及其影响因素分析——基于全国12个省份36个县1218位农村老年人的调查数据 [J]. 中国农村观察，2018（4）：102-116.

[78] 马凤芝，王依娜．"共振式增能"：农村养老共同体构建的实践逻辑——基于水村和清村的经验研究 [J]. 中国农业大学学报（社会科学版），2021，38（4）：103-112.

[79] 马运瑞．因地制宜建立多层次中国农村养老保障体系 [J]. 生产力研究，2000（3）：55-57.

[80] 孟丽．马克思社会保障理论及其对当代中国的启示 [J]. 生产力研究，2021（6）：16-20.

[81] 苗建萍．乡村振兴战略背景下农村医养融合养老服务模式研究 [J]. 农业经济，2019（10）：64-66.

[82] 聂建亮，孙志红，吴玉锋．社会网络与农村互助养老实现——基于农村老人养老服务提供意愿视角的实证分析 [J]. 社会保障研究，2021（4）：22-33.

[83] 聂建亮，唐乐．人际信任、制度信任与农村老人互助养老参与意愿 [J]. 北京社会科学，2021（5）：116-128.

[84] 彭玉华．多层次农村社会养老保障制度的构建 [J]. 平原大学

学报，2006（2）：35-38.

［85］乔晓春．如何满足未满足的养老需求——兼论养老服务体系建设［J］．社会政策研究，2020（1）：19-36.

［86］曲顺兰，王雪薇．乡村振兴战略背景下农村养老服务研究新趋势［J］．经济与管理评论，2020，36（2）：26-35.

［87］人社部．中国农民60岁后将享受国家普惠式养老金［EB/OL］．2009-08-04. https：//www. chinanews. com. cn/cj/cj-gncj/news/2009/08-04/1803882. shtml.

［88］人力资源和社会保障部．2018年度人力资源和社会保障事业发展统计公报［EB/OL］．http：//www. mohrss. gov. cn/SYrlzyhshbzb/zwgk/szrs/tjgb/201906/t20190611_ 320429. html.

［89］尚晓援．“社会福利”与“社会保障”再认识［J］．中国社会科学，2001（3）：113-121.

［90］施巍巍，刘雨蓓．香港长者社区照顾的福利多元主义视域［J］．学术交流，2016（3）：147-151.

［91］宋海霞．农村养老服务供给侧结构性改革的困境及思路［J］．农业经济，2021（2）：74-76.

［92］宋悦，吕康银，王丽娜．新常态下我国养老模式的创新［J］．税务与经济，2019（2）：21-28.

［93］孙翠．乡村振兴背景下的农村养老服务供给研究［J］．社会与公益，2019（7）：70-72.

［94］孙静．多支柱养老社会保障的责任分担机制研究［J］．财政研究，2005（7）：48-50.

［95］孙莉华，王中汉．农村居家养老服务精准发展思路探究——基于南京市农村的调查［J］．湖北农业科学，2017，56（20）：3991-3996.

［96］田瑞靖，杨云彦．养老模式变迁与养老产业发展［J］．中南财经政法大学学报，2016（6）：46-51.

［97］田雨同，张艳，刘珍，等．农村养老院老人医养结合服务需求现状及影响因素分析［J］．中国卫生事业管理，2021，38（4）：289-

293，297.

［98］汪大海，张建伟．福利多元主义视角下社会组织参与养老服务问题——“鹤童模式”的经验与瓶颈［J］．华东经济管理，2013，27（2）：118-122.

［99］王殿玺，胡婧．北京市居民社会化养老意愿及其影响因素研究［J］．调研世界，2017（4）：25-29.

［100］王浩军，冯星．老龄服务业发展亟需合理财税政策的支持［J］．财会月刊，2016（17）：81-84.

［101］王皓田．“软硬”兼施促进医养结合养老服务发展［J］．宏观经济管理，2019（7）：34-38.

［102］王计军．我国农村养老模式的发展与创新［J］．人民论坛，2014（11）：232-234.

［103］王进文，刘琪．迈向老年群体本位的农村互助养老：何以可能与如何可为［J］．理论月刊，2021（7）：105-116.

［104］王俊文，文杨．我国农村养老服务需求现状及对策研究——基于江西赣州的调查［J］．江西社会科学，2014，34（9）：181-185.

［105］王强．现阶段中国农民工养老保险问题探析［J］．民营科技，2012（2）：114.

［106］王维，刘燕丽．农村养老服务体系的整合与多元建构［J］．华南农业大学学报（社会科学版），2020，19（1）：103-116.

［107］王向南．基于供给侧改革的养老服务业体系重构：一种治理的视角［J］．税务与经济，2016（4）：28-32.

［108］王笑啸，刘婧娇．中国共产党推进养老保障的百年探索：发展历程、基本经验与未来方向［J］．西北人口，2021，42（4）：114-126.

［109］王延中，龙玉其．我国养老服务体系建设的进展、问题与对策［J］．中国浦东干部学院学报，2018，12（2）：122-129.

［110］王岩．我国农村社会福利的发展与模式转换研究［J］．改革与战略，2016，32（7）：37-40，142.

［111］王彦斌，袁青欢．资源配置、底线公平与欠发达地区农村医养

结合——基于福利多元主义导向的反思［J］. 贵州社会科学，2021（2）：70-77.

［112］王彦斌. 欠发达地区农村医养结合养老服务体系构建［J］. 探索，2017（6）：153-159.

［113］王增文. 农村老年人口对养老服务供给主体的社会认同度研究——基于宗族网络与农村养老服务政策的比较［J］. 中国行政管理，2015（10）：124-128.

［114］王震，刘天琦. 社会养老保险政策对农村老年人主观福利的影响——基于 CHARLS 数据的实证分析［J］. 财经科学，2021（4）：105-117.

［115］温凤荣，毕红霞. 农村空巢老人养老方式选择实证研究——以山东省为例［J］. 调研世界，2016（8）：26-33.

［116］文丰安. 农村互助养老：历史演变、实践困境和发展路径［J］. 西北农林科技大学学报（社会科学版），2021，21（1）：105-113.

［117］伍海霞，宋健. 中国农村老年人养老规划的现状及影响因素研究［J］. 西北人口，2022，43（1）：88-99.

［118］《中国社会组织》编辑部，季云岗，涂兆宇，等. 武陟县村级慈善幸福院建设项目（武陟县慈善协会）老年人的快乐大本营［J］. 中国社会组织，2016（3）：25.

［119］夏艳玲. 老年社会福利制度：补缺模式与机制模式的比较——以美国和瑞典为例［J］. 财经科学，2015（1）：119-128.

［120］冼青华. 多支柱养老保险体系理论研究综述［J］. 西部论坛，2011，21（3）：42-48.

［121］向甜. 我国人口老龄化对养老产业发展的影响［J］. 劳动保障世界（理论版），2012（6）：18-21.

［122］向运华，姚虹. 养老服务体系创新：智慧养老的地方实践与对策［J］. 西安财经学院学报，2016，29（6）：110-114.

［123］辛本禄，蒲新微. 在自发性、诱致性与强制性之间——多支柱养老保障模式的制度分析及建构［J］. 学习与探索，2005（5）：136-138.

［124］徐隽倬，韩振燕，梁誉．支付意愿视角下老年人选择社会养老服务影响因素分析［J］．华东经济管理，2019，33（8）：167-173.

［125］许惠娇，贺聪志．“孝而难养”：重思农村留守老人的养老困境［J］．中国农业大学学报（社会科学版），2020，37（4）：101-111.

［126］演克武，陈瑾，陈晓雪．乡村振兴战略下田园综合体与旅居养老产业的对接融合［J］．企业经济，2018，37（8）：152-159.

［127］阳旭东，王德文．从缺位到归位——新中国成立以来农村养老保障与政府责任的再思考［J］．学术界，2019，248（1）：101-108.

［128］杨华．“中农”阶层：当前农村社会的中间阶层——“中国隐性农业革命”的社会学命题［J］．开放时代，2012（3）：71-87.

［129］杨帅华．新时代农村养老服务体系建设的目标模式与主要对策——以河南省为例［J］．改革与战略，2019，35（7）：27-37.

［130］杨轶华，王昆．“以地自我养老”与“代际关系维护”——生命历程视角下农村老年人的养老策略分析［J］．吉林大学社会科学学报，2021，61（4）：45-54，235.

［131］姚兆余．农村社会养老服务：模式、机制与发展路径——基于江苏地区的调查［J］．甘肃社会科学，2014（1）：48-51.

［132］易君．农村养老服务如何更给力［J］．人民论坛，2019（1）：88-89.

［133］于书伟．农村养老服务供给侧结构性改革的困境及对策研究［J］．求实，2018（4）：98-108，112.

［134］于一凡，徐文娟．农村地区养老服务设施研究——以浙江省江山市为例［J］．城市规划，2018，42（5）：78-86.

［135］原新，周平梅．农村“整合式—网格化”养老模式探索研究［J］．河北学刊，2019，39（4）：178-184.

［136］张川川，朱涵宇．新型农村社会养老保险参与决策中的同群效应［J］．金融研究，2021（9）：111-130.

［137］张桂敏，吴湘玲．社会组织参与居家养老服务的规则探析——基于应用规则的逻辑［J］．西北人口，2021，42（3）：52-62.

［138］张海鹏，郜亮亮，闫坤．乡村振兴战略思想的理论渊源、主要创新和实现路径［J］．中国农村经济，2018（11）：2-16.

［139］张继荣．基于需求及影响因素下的养老服务对策研究［J］．宁夏社会科学，2016（4）：142-146.

［140］张举国．“一核多元”：元治理视阈下农村养老服务供给侧结构性改革［J］．求实，2016（11）：80-88.

［141］张明锁，韩江风．构建“慈善+扶贫+产业”的新型农村养老模式［J］．中州学刊，2018（6）：62-67.

［142］张世青，王文娟，陈岱云．农村养老服务供给中的政府责任再探——以山东省为例［J］．山东社会科学，2015（3）：93-98.

［143］张韬．健康老龄化背景下医养结合服务模式探析——以中国红十字会医养护“三位一体”实践为例［J］．中国特色社会主义研究，2017（2）：93-97.

［144］张献政，边恕．我国农村社会保障体系存在的问题及对策研究［J］．农业经济，2021（2）：70-73.

［145］张艳霞，刘远冬，吴佳宝，王佳媛．中国农村养老保障资金供给现状及多元化探析［J］．中国农业大学学报（社会科学版），2021，38（4）：78-90.

［146］张震宇．乡村振兴背景下完善农村地区基本社会保障制度的思考［J］．农业经济，2021（7）：66-68.

［147］赵浩华．社区居家养老多元主体参与困境的发生逻辑及治理策略——基于福利多元主义分析框架［J］．辽宁行政学院学报，2021（3）：48-53.

［148］赵强社．农村养老：困境分析、模式选择与策略构想［J］．农业经济问题，2016，37（10）：70-82，111.

［149］赵向红，王建华．家庭农业与农村养老：互嵌性的实践反思与创新路径［J］．江海学刊，2020（4）：116-121.

［150］郑军，秦妍．政府财政补贴与农村养老服务供给：作用渠道与差异效应［J］．贵州财经大学学报，2021（6）：99-108.

[151] 郑沃林．身份认同对农民互助养老意愿的影响及其异质性分析 [J]．华中科技大学学报（社会科学版），2021，35（5）：58-68.

[152] 周娟，张玲玲．幸福院是中国农村养老模式好的选择吗？——基于陕西省榆林市R区实地调查的分析 [J]．中国农村观察，2016（5）：51-64，95-96.

[153] 周娟．中国农村养老服务模式：创新、驱动因素与趋势研究 [J]．福建论坛（人文社会科学版），2016（9）：115-121.

[154] 周文娟．农村养老服务供给的内生动力及政策优化 [J]．农业经济，2021（2）：77-78.

[155] 朱德云，孙成芳．基于供给侧改革谈中国养老服务发展问题与政策建议 [J]．财政科学，2017（5）：90-97.

[156] 朱国龙，金淑彬．乡村振兴战略背景下农村养老保障实现路径研究 [J]．中国西部，2018（6）：25-33.

[157] 朱汉平，贾海薇．政府与社会组织协同供给农村养老服务的推进思路——基于协同治理理论视角的分析 [J]．广东农业科学，2013，40（10）：202-204，219.

[158] 朱雨雨．我国农村养老服务与供给侧改革 [J]．市场论坛，2017（3）：22-24.

[159] 朱哲毅，宁可．家庭养老功能异质视角下社会养老与土地养老的互动机制 [J]．资源科学，2021，43（10）：2003-2012.

[160] 关信平．公共性、福利性服务与我国城市社区建设 [J]．东南学术，2002（6）.

[161] 赵浩华：社区居家养老多元主体参与困境的发生逻辑及治理策略——基于福利多元主体分析框架 [J]．辽宁行政学院学报，2021（3）.

[162] 施巍巍，刘雨蓓．香港长者社区照顾的福利多元主义视域 [J]．学术交流，2016（3）.

[163] 王彦斌，袁青欢．资源配置、底线公平与欠发达地区农村医养结合——基于福利多元主义导向的反思 [J]．贵州社会科学，2021（2）.

[164] 蔡继红．马斯洛需要层次学说述评 [J]．理论界，2011（5）.

［165］董克用，孙博．从多层次到多支柱：养老保障体系改革再思考［J］．公共管理学报，2011，8（1）：1-9，122.

［166］申成文．希克斯的一般均衡理论［J］．山东大学学报（哲学社会科学版），1989（2）：26-30.

［167］孟丽．马克思社会保障理论及其对当代中国的启示［J］．生产力研究，2021（6）.

［168］丁红娟，史健勇．关于养老保险“统账结合”模式的思考——从替代率和多支柱角度［J］．北方经济，2009（6）.

［169］唐健，彭钢．从模糊失衡到多元均衡：福利多元主义视域下农村社会化养老主体责任反思与重构［J］．农村经济，2020（8）：91-99.

［170］陈新春．论经济均衡的存在性与稳定性问题［J］．商场现代化，2012，9（下旬刊）.

［171］郑功成．多层次社会保障体系建设：现状评估与政策思路［J］．社会保障评论，2019，3（1）：3-29.

中文学位论文

［1］徐文芳．中国农村养老保障制度研究［D］．武汉：武汉大学，2010.

［2］侯冰．城市老年人社区居家养老服务需求层次及其满足策略研究［D］．上海：华东师范大学，2018.

［3］吴飞．代际支持失衡背景下家庭养老困境及社会化居家养老模式研究［D］．南京：南京大学，2015（8）.

［4］张慧．济南市人口老龄化趋势及养老模式优化［D］．济南：山东师范大学，2015.

［5］侯冰．城市老年人社区居家养老服务需求层次及其满足策略研究［D］．上海：华东师范大学，2018.

［6］邓俊丽．中国特色社会养老保障制度优势研究［D］．西安：陕西师范大学，2016.

［7］龙国良．我国农村养老保障制度路径选择及影响因素分析——基于河北的研究［D］．北京：中国农业大学，2014.

［8］曹永红．我国农村养老保障供需失衡与制度改进研究［D］．武

汉：华中科技大学，2018.

［9］吴飞．代际支持失衡背景下家庭养老困境及社会化居家养老模式研究［D］．南京：南京大学，2015.

［10］罗若飞．供需均衡视角下我国学前教育供给制度发展研究［D］．成都：西南交通大学，2015.

［11］黄庆杰．城乡统筹的农村社会养老保障——制度选择与政府责任［D］．北京：中国社会科学院研究生院，2009.

［12］邓俊丽．中国特色社会养老保障制度优势研究［D］．西安：陕西师范大学，2016.

［13］于威．中国多层次社会养老保障制度研究［D］．哈尔滨：东北林业大学，2010.

［14］张慧．城乡一体化的多层次养老保险体系结构比例研究［D］．哈尔滨：东北林业大学，2012.

［15］徐丽雯．失地农民多层次养老保险体系研究——以浙江桐乡市为例［D］．上海：上海交通大学，2014.

［16］罗若飞．供需均衡视角下我国学前教育供给制度发展研究［D］．成都：西南交通大学，2015.

［17］陈茉．中国养老政策变迁历程与完善路径［D］．长春：吉林大学，2018.

英文文献

［1］Beyond filial piety：Rethinking aging and caregiving in contemporary East Asian societies［M］. Berghahn Books，2020.

［2］Chen S H Z，Lou V W Q. Residential reasoning：How childless older adults choose between ageing in place（AIP）and institutionalisation in rural China［J］. Ageing & Society，2021（2）：1-19.

［3］Du P，Dong T，Ji J. Current status of the long-term care security system for older adults in China［J］. Research on Aging，2021，43（3-4）：136-146.

［4］Grimmer-Solem E. The rise of historical economics and social reform in Germany，1864-1894［M］. Oxford University Press on Demand，2003.

[5] Han J H, Kim J H. Variations in ageing in home and ageing in neighbourhood [J]. Australian Geographer, 2017, 48 (2): 255-272.

[6] Hua Y. The development and prospects of China's old-age security system [J]. Social Sciences in China, 2009, 30 (1): 185-196.

[7] Huang W, Zhang C. The power of social pensions: Evidence from China's new rural pension scheme [J]. American Economic Journal: Applied Economics, 2021, 13 (2): 179-205.

[8] Jing T. The analysis of social welfare model in contemporary China [M] //The Welfare System of Universal Integration in China. Springer, Singapore, 2021: 21-42.

[9] Liu J, Cook J. Ageing and intergenerational care in rural China: A qualitative study of policy development [J]. Contemporary Social Science, 2020, 15 (3): 378-391.

[10] Lu S, Chan W K, Chui C H K, et al. The effects of neighbourhood migrant concentration on ageing-in-place preference among older people in China [J]. Asia Pacific Journal of Social Work and Development, 2021 (5): 1-15.

[11] Lu S. Does the community you live in make a difference? Multilevel analysis of ageing-in-place preference in china [J]. Innovation in Aging, 2018, 2 (1): 953.

[12] Ma X. Study on the problems and countermeasures of the rural community home care service for the aged: Based on the home care service center for the aged in linqu County [J]. Scientific and Social Research, 2021, 3 (6): 32-35.

[13] Qian W. Societal development in rural China [M]. Springer Singapore, 2019.

[14] Sargeant M. Age discrimination: Equal treatment with exceptions [J]. International Journal of Discrimination and the Law, 2005, 6 (3): 251-266.

[15] Shangping Ma, Shuo Ma, Qinglou Cao. The development of rural en-

dowment patterns in China [J]. Asia-Pacific Journal of Business, 2018, 10 (2): 22-43.

[16] Tumlinson A, Woods S. Long - term care in America: An introduction [M]. Washington: Avalere Health LLC, 2007.

[17] Woo J. The myth of filial piety as a pillar for care of older adults among Chinese populations [J]. Advances in Geriatric Medicine and Research, 2020, 2 (2).

[18] Xiang L, Ann T W, Tan Y, et al. Senior citizens' requirements of services provided by community-based care facilities: A China study [M]. Facilities, 2019: 2.

[19] Xueyuan T. The Way to a Great Country: A Macroscopic View on Chinese Population in the 21st Century [M]. Routledge, 2019.

[20] Y. Hu, et al. Rural smart elderly care model: China's development and challenges [J]. International Conference on Universal Village (UV), 2020 (5): 1-9.

[21] Yang S, Zhang Z, Li S. Research on the Role Delineation of Government in Rural Pension Security in China [C] //3rd International Conference on Judicial, Administrative and Humanitarian Problems of State Structures and Economic Subjects . Atlantis Press, 2018: 467-469.

[22] Zhang Y, Goza F W. Who will care for the elderly in China? A review of the problems caused by China's one-child policy and their potential solutions [J]. Journal of Aging Studies, 2006, 20 (2): 151-164.

[23] Zhou J, Walker A. The need for community care among older people in China [J]. Ageing & Society, 2016, 36 (6): 1312-1332.

附 录

附录 1 Z 市人民政府关于加快推进社会养老服务体系建设的实施意见

Z 政文〔2015〕25 号

各县（市）区人民政府，Z 新区管委会，市人民政府各部门，各有关单位：

为深入贯彻落实《河南省人民政府关于加快推进社会养老服务体系建设的意见》（豫政〔2011〕80 号）和《河南省人民政府关于印发 Z 市建设中原经济区经济转型示范市总体方案的通知》（豫政〔2012〕14 号）等文件精神，积极应对人口老龄化的严峻挑战，加快我市养老服务事业发展，切实满足老年人养老服务需求，结合我市实际，提出如下实施意见：

一、指导思想

按照建设中原经济区经济转型示范市总体方案要求，紧紧围绕解决老年人养老服务难题，以实现“老有所养”为目标，以满足中低收入老年群体基本养老服务需求为重点，以养老服务社会化、专业化和标准化为方向，坚持政府主导、政策扶持、统筹规划，在“十二五”期间，基本建立起与我市人口老龄化进程相适应、与经济社会发展水平相协调、体现城乡不同特点的多元化、多层次、多形式的社会养老服务体系。

二、基本原则

（一）政府主导，多方参与。充分发挥政府在制定政策、规划指导、市场培育、服务示范、监督管理等方面的主导作用，维护社会养老服务的公益性。发挥市场在资源配置中的基础性作用，以需求为导向，积极支持以公建民营、民办公助、政府补贴、购买服务等多种方式兴办养老服务业，鼓励社会力量兴办养老服务机构、社区养老服务设施，参与居家养老服务。发挥专业化社会组织的力量，不断提高社会养老服务水平，逐步形成与市场经济相适应的社会养老服务发展模式、管理方式和运行机制。

（二）城乡一体，统筹兼顾。在大力推进城市社会养老服务事业的基础上，统筹城乡发展，将农村养老服务事业纳入养老事业发展总体规划，加大投入，加快建设，努力实现城乡养老服务协调推进、共同发展，逐步构建布局合理、结构优化的城乡养老服务发展格局。

（三）突出重点，适度普惠。以长期照料、护理康复和社区日间照料为重点，完善养老服务设施功能，面向全体老年人提供基本养老服务，优先解决孤老优抚对象、“三无”（无劳动能力、无生活来源、无赡养人和扶养人）老人、“五保”（保吃、保穿、保住、保医、保葬）老人，低收入的高龄、独居、失能老人，独生子女和计生双女困难老人、省级以上老劳动模范等的照料和护理问题。不断扩大服务对象，积极拓展服务范围，推动养老服务由补缺型向适度普惠型转变。

三、总体目标

围绕中原经济区经济转型示范市建设目标，加快我市养老服务产业转型升级，全面推进社区居家养老服务，加强养老服务设施建设。力争到2015年底，全市养老服务机构床位规模达到15000张，实现每千名老年人拥有养老床位30张以上，基本形成以居家养老为基础，以社区服务为依托，以机构养老为支撑，资金保障与服务提供相匹配，无偿、低偿、有偿服务相结合，政府主导、部门协同、社会参与、公众互助，布局合理、规模适度、功能完善、运营良好、服务优良、覆盖城乡的养老服务新格局。

四、主要任务

（一）推进居家养老服务。加强居家养老服务网络建设，建立县（市）区居家养老服务指导中心、街道（乡、镇）居家养老服务中心、社区（村）居家养老服务站（点）三级网络，推广居家养老呼叫服务网络平台。建立政府购买居家养老服务制度，为居家的老年人提供生活照料、家政服务、康复护理和精神慰藉等服务。到2015年底，居家养老服务网络覆盖全市所有的城镇社区和60%以上的农村建制村。

（二）完善社区养老服务。按照就近就便、小型多样、功能配套的要求，依托社区综合服务设施，加强日间照料中心、托老站（点）等社区养老服务设施建设。在建制村和较大自然村，依托村民自治和集体经济，积极探索推进农村互助养老新模式。鼓励和引导知名度高、信誉好、善于经营管理的社区养老服务网点连锁发展。倡导多种形式的志愿活动及老年人互助服务，动员各类人群参与社区养老服务。

（三）加强养老服务机构建设。加强供养型和护养型养老服务机构建设，市、各县（市）区都要至少建成一所政府主办、以养老服务为主的综合性社会福利机构；我市至少建成一所为失能老人提供长期护理服务的专业性护养机构，建成一所可提供临终关怀服务的爱心护理院。推进示范性养老服务机构建设，市、各县（市）区要结合实际，建成一所集生活照料、医疗康复、老年大学、认证培训、文体娱乐等多种功能于一体，具有示范作用的大型综合性养老服务机构；其中，市级规模要达到500张床位以上，县级规模要达到200张床位以上。通过实施税费优惠、资金补贴、政府采购等扶持政策，鼓励支持社会力量兴办养老服务机构。

（四）加强少数民族群众养老服务机构建设。坚持有利于促进民族团结、尊重少数民族风俗习惯的原则，对于少数民族特别是具有清真饮食习惯的少数民族群众人口较多、要求入住养老服务机构老人相对集中，而当地又没有专门少数民族养老服务机构的地方，采取政府投资兴办或在资金、政策上扶持民间兴办的办法，充分调动各方面的积极性，建设形成布局合理、规模适当、服务优质的能够接收少数民族群众的养老服务机构。

（五）加强养老服务信息化建设。依托现代信息技术手段，加快养老服务信息化综合平台建设，建设全市养老服务机构信息管理系统，尽快建成市、县、乡三级“12349”养老服务呼叫网络服务中心，为政府采集行业信息、公众接受养老服务、行业规范化发展提供支持。推动城市居家养老服务信息网络平台向农村延伸，扩大信息化服务覆盖范围。

（六）建立完善老年人优待制度。各县（市）区要将本地80周岁以上老年人纳入敬老补贴保障范围，按月向符合条件的老年人计发敬老补贴。对80~89周岁的高龄老年人每人每月发放50元敬老补贴，90~99周岁的高龄老年人每人每月发放200元敬老补贴，100周岁以上高龄老年人每人每月发放500元敬老补贴，资金由各县（市）区财政负担。敬老补贴自2012年10月1日起开始发放。有条件的地方可逐步扩大敬老补贴发放范围，提高补贴标准。积极探索建立城镇“三无”老人供养制度。

五、建设方式

坚持整合资源与新建设施相结合、设施改造与功能提升相结合、布局结构与服务需求相结合，逐步建设布局合理、功能多样、种类齐全的养老服务网络。充分利用现有资源，盘活存量资产，立足改扩建，在不具备改扩建条件的地方适当新建，在缺乏建设用地和公共设施的社区适当购置；新建的小区要统筹规划，预留养老服务设施场所。鼓励通过整合、置换或转变用途等方式，将闲置的医院、学校、企业以及各类公办培训中心、活动中心、疗养院、小旅馆、小招待所等设施改造用于养老服务。

六、保障措施

（一）科学制定发展规划。

各级政府要紧密结合本地实际，科学研究制定社会养老服务体系建设规划，并纳入当地经济社会发展、城乡建设和土地利用总体规划。在城乡规划和旧城（村）改造中，根据当地老年人口数量，按照每千名老年人拥有30张床位、每个城镇社区拥有一所居家养老服务中心或托老站（点）、60%的农村建制村要有一个居家养老服务点的标准，将养老服务设施纳入公共设施统一规划并组织实施。

（二）完善落实优惠政策。

认真落实国家对养老服务机构的税费扶持政策。经有关部门批准，免征非营利性养老服务机构的企业所得税，免征养老服务收入的营业税以及养老服务机构自用房产、土地的房产税、城镇土地使用税和水利建设专项费等；对非营利性养老服务机构可在达标排放污染物的情况下免缴排污费；减免其行政事业性收费（法律另有规定的除外）。政府主办和特许经营的供水、供电、供气、供暖、通信、有线（数字）电视等经营单位，要为非营利性养老服务机构提供优质服务和收费优惠；其中，用水、用电、供暖、用气（燃料）等价格与居民用户同价，并免收相应的配套费；免收养老服务机构有线（数字）电视、宽带互联网一次性接入费。企事业单位、社会团体和个人等社会力量通过公益性社会团体或县级以上政府及其部门向非营利性养老服务机构的捐赠，在缴纳企业所得税和个人所得税前按照税法规定予以扣除。

优先保障养老服务机构建设用地。对非营利性养老服务机构建设用地，按照有关法律法规规定可以行政划拨方式供地；对营利性养老服务机构建设用地，要通过公开出让方式供地。非营利性养老服务机构不得擅自改变土地用途；如需改变，应依法办理用地手续，并补缴土地有偿使用费。经有关部门批准，养老服务机构建设应缴的城市配套费可以免征。有关部门对用地要按照相关规定加快审批，加强监督，确保批准用地真正用于养老事业。

支持社会办养老服务机构开展老年医疗卫生和老年病护理服务。养老服务机构取得《医疗机构执业许可证》，符合定点医疗机构资格条件的，可纳入城乡医疗保障定点医疗机构范围。养老服务机构内办的医疗、康复机构具备对外开展医疗、康复服务条件的，可申请纳入当地社区医疗机构设置规划，卫生部门按有关医疗机构管理规定予以批准。

对养老服务机构和居家养老服务组织的从业人员，由人力资源社会保障部门纳入相关职业技能培训范围并享受相关培训补贴政策。对在养老服务机构从事养老护理工作的“4050”等就业困难人员，可纳入政府公益性岗位政策扶持补贴范围。鼓励失业人员创办养老院、社区托老站等。对持《就业失业登记证》的人员开办养老服务机构的，经有关部门批准，免收管理类、登记类、证照类的各项行政事业性收费；自筹资金不足的，可申请小额担保贷款。

依法明确和规范养老服务机构与服务对象的权利与义务，鼓励商业保险企业对养老服务机构设立意外责任险，建立风险分担机制，降低养老服务机构运营风险。

（三）加大资金扶持力度。

1. 加大对社会办养老服务机构的财政扶持力度，对取得《社会福利机构设置批准证书》和《民办非企业单位登记证书》的社会办养老服务机构，给予建设补贴和床位运营补贴，所需经费由本级财政负担，市财政给予适当补助。

（1）建设补贴。从2012年起，各县（市）区新建（包括自建房和租用房）的社会办养老服务机构，床位在50张以上（含50张）的，经民政部门考核达标后，由同级财政按照民政部门核定的床位数给予建设补贴：自建用房的每张床位补贴为1500元（分3年按每年每张床位500元），租用房且租用期5年以上的每张床位补贴1000元（分5年按每年每张床位200元）。接受补贴的社会办养老服务机构5年内改变用途的，由相关部门一次性收回开办补助款。

（2）床位运营补贴。从2012年起，每年由各级民政部门牵头组织对社会办养老服务机构的服务设施、服务内容、服务质量、服务对象满意度等进行达标评定，经评定达到标准的，按照社会办养老服务机构入住的具有本辖区户籍的老年人数，县（市）区财政给予每张床位适当床位运营补贴。具体标准及操作细则由各县（市）区根据实际情况确定。

2. 政府购买服务。

（1）各县（市）区要通过政府购买服务方式，由养老服务机构、社区居家养老服务中心等，为城镇“三无”老人、生活不能自理或半自理无子女照顾的低保老人、独生子女和计生双女父母困难老人、省级以上老劳动模范、重点优抚对象中生活困难老人以及生活困难的其他老人提供养老服务。具体服务对象入住资格和购买项目、标准、数量、方式等，由各地根据财力和实际需求情况确定。

（2）各级财政每年拨付一定的居家养老服务工作专项经费，用于建立健全老年人居家养老服务管理网络，对老年人日间照料中心、社区托老站、“12349”养老服务呼叫网络服务中心建设予以补助，对居家养老护理员进行培训和资格认证，对农村居家养老工作开展等进行扶持。

3. 实施以奖代补。

对管理规范、老人满意度高并获得省级、市级以上政府或部门表彰的社会养老服务机构，由机构所在地政府通过“以奖代补”的形式给予支持，所需资金列入同级财政预算。

七、工作要求

（一）加强组织领导。各级政府要切实加强组织领导，进一步增强责任感和紧迫感，将养老服务体系建设作为重要的民生工程，列入重要议事日程，纳入年度重点工作计划和考核范围。要根据当地老年人口发展速度和养老服务需求状况，认真组织制定养老服务体系建设规划、出台相关政策并组织实施。各县（市）区要进一步健全老龄工作机构，确保老龄工作有专人负责。

（二）建立经费保障机制。各级政府要按照当地老年人口规模安排老龄事业发展专项经费，列入年度财政预算，并随着财政收入的增长而增加。市财政将老龄事业发展专项经费列入年度预算，每年不少于 20 万元，并根据需要及时保障；各县（市）区财政按照本地区 60 岁以上老年人口数量，安排必要的老龄工作经费。老龄事业发展专项经费用于老龄化问题的调查研究、老年维权、学术交流和老龄工作宣传，开展社会养老服务工作，组织全市老年人开展教育、体育、文化娱乐等活动。

（三）各司其职，密切配合。各有关部门要认真履行职责，加强协调，搞好配合，积极推进养老服务体系建设。发展改革部门要将养老服务体系建设列入国民经济和社会发展规划，及时办理养老服务基础设施建设项目审批手续，组织开展重大养老服务项目的论证、筛选和推进工作，建立养老服务机构收费标准公示机制。民政部门要进一步推动公办示范性养老服务机构建设，完善养老服务体系设施建设以及分类管理的政策和措施，加强对各类养老服务机构的监督管理、行业规范和业务指导，积极开展养老服务示范活动。财政部门要将养老服务经费纳入预算，并加强对资金使用情况的监管。人力资源社会保障部门要及时将符合条件的养老服务医疗机构纳入医疗保障定点医疗机构范围；加强养老服务人员职业技能培训与鉴定，落实公益性岗位有关政策，做好有关养老保障工作。卫生部门要加强对养老服务机构开展医疗服务的支持和指导，积极探索医养结合的新路子，不断拓展社区养老卫生服务范围。住房城乡规划建设部门要按照国家有关规定将养老服务机构建设纳入城乡公共设施建设规划，统一规划、同步实施。国土资源部门要优先安排养老服务机构建设用地计划指标。教育部门要重视养老护理人才培养、培训工作。税务部门要落实养老服务的各种税收优惠政策。金融部门要积极协调引导金融、保险机构支持养老服务体系建设，协调解决兴办养老服务机构的信贷、保险相关问题。金融机构要支持社会资本投入老年社会福利事业，增加对养老服务机构及其建设项目的信贷投入，适当放宽贷款条件，简化手续，并提供优惠利率。高等院校和科研机构要积极开展养老服务社会化、产业化的综合研究。

（四）加强行业规范管理。各级民政部门要加强对养老服务机构的准入审批和日常管理，依据民政部下发的老年人建筑设计规范、老年人社会福利机构基本规范、养老护理员国家职业标准制定出台星级评定、资格认证、年度检验等各项标准和管理制度，做到管理有办法、检查监督有标准依据。要建立健全居家养老服务评估、评审制度，构建服务质量监控体系，确保老年人得到满意的服务。

附录2 W县人民政府关于加快发展养老服务业的实施意见

（2016年1月11日）

为深入贯彻落实《国务院关于加快发展养老服务业的若干意见》（国发〔2013〕35号）、《河南省人民政府关于加快发展养老服务业的意见》（豫政〔2014〕24号）和《Z市人民政府关于加快推进社会养老服务体系建设的实施意见》（Z政文〔2015〕25号）精神，加快发展我县养老服务业，结合我县实际，提出如下实施意见：

一、充分认清加快发展养老服务业的重要意义

加快发展养老服务业是积极应对人口老龄化、保障和改善民生的迫切需要，是拉动内需、扩大就业、推动经济转型升级的重大举措，更是着力保障和改善民生，让老年人共享改革发展成果，促进社会和谐稳定的必然要求。目前，我县60岁以上老年人口已达到9.5万人，约占全县总人口的13%；预计到2020年，全县60岁以上老年人口将达11.05万人，养老成为当前我们亟须解决的重大社会问题，迫切需要我们加快发展养老服务业。近年来，随着我县大力推进养老事业发展，全县共有各类养老机构、慈善幸福院102所，设置床位3100余张，但是存在服务设施不足、服务水平偏低、社会化程度不高等问题，难以满足广大老年人及其家庭的实际需要。因此，全县各级各部门要认清人口老龄化的形势，充分认识发展养老服务业的重要性和紧迫性，加快推进我县养老服务业健康快速发展。

二、指导思想、基本原则和总体目标

（一）指导思想

以构建县养老中心、乡镇敬老院、村级慈善幸福院等县乡村三级养老服务体系、满足老年人养老服务需求为出发点和落脚点，创新体制机制、坚持保障基本、注重统筹发展、完善市场机制，积极推动投资主体多元化、服务方式多样化、服务队伍专业化、监督管理规范化，使养老服务业成为积极应对人口老龄化、保障和改善民生的重要举措，成为扩大内需、增加就业、促进服务业发展、推动经济转型升级、建设“美丽W”的重要力量。

（二）基本原则

1. 政府主导，多方参与。充分发挥政府在制定政策、规划指导、市场培育、服务示范、监督管理等方面的主导作用，加快政府职能转变，进一步简政放权，维护社会养老服务的公益性。充分发挥市场在资源配置中的基础性作用，以需求为导向，积极支持以公建民营、民办公助、政府补贴、购买服务等多种方式兴办养老服务业，鼓励社会力量兴办养老服务机构、社区养老服务设施，参与居家养老服务。

2. 城乡一体，统筹兼顾。在大力推进城市社会养老服务事业的基础上，将农村养老服务事业纳入养老事业发展总体规划，依托具有W特色的农村慈善幸福院，逐步构建布局合理、结构优化的城乡养老服务发展格局，实现城乡养老服务业协调推进、共同发展。

3. 突出重点，适度普惠。以长期照料、护理康复和社区日间照料为重点，分类完善不同养老服务设施功能，面向全体老年人提供基本养老服务。积极拓展服务范围，不断扩大服务对象，推动养老服务由补缺型向适度普惠型转变。

（三）总体目标

大力发展为失能半失能老人提供服务的养老机构和以慈善幸福院为主的居家养老机构，力争到2020年，全县基本建成以居家为基础、社区为依托、机构为支撑、医养相结合，功能完善、规模适度、覆盖城乡的养老服务体系。

——基本养老服务进一步拓展。所有乡镇敬老院设施得到极大改善，满足保障“五保”“三无”对象基本养老需求，建成区域性养老服务中心。

——慈善工程项目得到全面推进。2020年实现农村慈善幸福院全覆盖。

——社会力量成为养老服务供给主体。投入使用县养老中心，社会力量兴办养老机构达4家以上。

——养老服务成为服务业重要组成部分。养老服务与医疗康复、文化教育、家庭服务、旅游休闲、金融保险等相关领域实现互动发展，形成多元化、多样化并基本满足多层次养老服务需求的养老服务新业态，养老服务设施覆盖所有城乡社区，社会养老床位数达到每千名老年人40张以上。

三、主要任务

（一）完善县级养老服务网络

1. 编制养老服务业规划。由民政局、发改委负责组织编制《W县养老服务业发展规划（2016—2020年）》以合理布局全县养老服务设施，并与城乡规划、土地利用总体规划相衔接。

2. 加快县养老机构建设。将县中心敬老院建成以养老服务为主的综合性社会福利机构；将县养老中心建成集生活照料、医疗康复、临终关怀、老年大学、认证培训、文体娱乐等多种功能于一体，具有示范作用的综合性养老服务机构，规模达到400张床位以上。

3. 建立完善政府供养和政府购买养老服务制度。对城市“三无”（无劳动能力、无生活来源、无赡养人和扶养人或者其赡养人和扶养人确无赡养和扶养能力）老人、农村“五保”（保吃、保穿、保住、保医、保葬）老人实行政府供养。公办养老服务机构要充分发挥托底保障作用，重点为“三无”老人、“五保”老人、低收入老人、经济困难的失能半失能老人提供无偿或低收费的供养、护理服务。通过政府购买服务方式，由养老服务机构、社区居家养老服务中心等为孤老优抚对象、“三无”老人、“五保”老人，低收入的高龄、独居、失能半失能老人，失独、独生子女和计生双女困难老人，省级以上老劳动模范等特殊群体提供养老服务。

4. 不断完善老年人优待制度。继续实行80岁以上高龄老人敬老补贴制度；加强残障老年人专业化服务，推动城市、社区和老年人家庭无障碍设施的改造，加快推进坡道、电梯等与老年人日常生活密切相关的公共设施改造；对具有我县户籍、65周岁以上老年人乘坐城区内公交车实行免费。

5. 完善社区服务设施。按照人均用地不少于0.1平方米的标准，分区分级规划设置养老服务设施。凡新建城区和新建居住（小）区，要按标准配套建设养老服务设施，并与住宅同步规划、同步建设、同步验收、同步交付使用；老城区和已建成居住（小）区无养老服务设施或现有设施未达到规划和建设指标要求的，要通过购置、置换、租赁等方式不断完善；已经规划确定的社区居家养老服务设施用地，未经法定程序不得改变用途。加强社区服务中心（站）及社区卫生、文化、体育等设施与社区居家养老服务设施的功能对接，提高使用率和综合效益。支持和引导各类社会主体参与社区综合服务设施建设、运营和管理，提供养老服务。各类具有为老年人服务功能的设施要向老年人开放。

（二）加快构建乡村养老服务体系

1. 拓展敬老院服务功能。加强农村敬老院建设管理，将敬老院建设工作纳入乡镇办事处计划建设项目，积极筹集资金对其硬件设施进行升级改造，在满足农村“五保”对象集中供养需求的前提下，增强护理功能，拓展服务项目，建成区域性养老服务中心，向社会开放，提高运营效益。

2. 推进农村慈善幸福院建设。坚持“政府扶持、村级主办、慈善帮扶、群众参与”的原则，统筹规划，通过整合、置换或转变用途等方式，将闲置的旧队部、医院、学校、企业、农村祠堂、农家庭院以及各类公办培训中心、活动中心等设施改造用于农村慈善幸福院场所，切实解决农村老年人居家养老问题。

3. 加快农村养老服务发展。充分发挥村民自治功能和老年协会作用，教育督促家庭成员承担赡养责任，组织开展邻里互助、志愿服务，解决周围老年人实际生活困难。鼓励城市资金、资产和资源投向农村养老服务。用于养老服务的财政性资金应重点向农村倾斜。引导县中心敬老院和县养老中心等民办养老机构，与农村敬老院、农村慈善幸福院等建立长期稳定的对口支援和合作机制，采取人员培训、技术指导、设备支援等方式，帮助其提高服务能力。

（三）支持社会力量进入养老服务领域

1. 支持社会力量提供多元化、专业化养老服务。鼓励社会力量举办规模化、连锁化的养老机构，鼓励个人举办家庭化、小型化的养老机构，鼓励民间资本对企业厂房、商业设施及其他可利用的社会资源进行整合和改造，用于养老服务。支持各乡镇办事处在开放招商工作中，把养老服务业项目列为服务业领域招商引资重点项目。

2. 壮大养老服务产业。依托黄河文化游览区优势，开发养老公寓和老年休闲度假服务项目；依托四大怀药原产地优势，开发老年医疗药品、绿色保健食品等健康产品，不断培育以养生养老为主体的养老服务产业。凡开发的养老用品用具和服务产品具有示范推广价值和创新实用效用的，纳入政府科研经费支持范围。

3. 培育发展养老社会组织。支持养老服务行业协会、企业商会和养老服务公益慈善组织，重点参与养老服务建设、养老产品开发、养老服务提供，使其成为发展养老服务业的重要力量。加强基层老年协会建设，鼓励引导老年群众组织开展自我管理、自我服务和服务社会活动，鼓励引导基层群众性自治组织开展以慈善幸福院为依托的居家养老互助服务。

4. 大力开展各类为老志愿活动。积极扶持发展为老服务志愿组织，建立为老志愿服务登记制度，探索建立健康老人参与志愿互助服务的工作机制。倡导机关干部和企事业单位职工、在校学生参加为老服务志愿活动，支持社会服务窗口行业开展“敬老文明号”创建活动。

（四）重点推进医养融合发展

1. 积极探索养老机构医疗化服务。有条件的养老机构可依法申请设置医院、医务室、门诊部、诊所等医疗机构，卫生管理部门要优先受理、优先审核，依法予以执业许可。规模较小的养老机构、城乡社区居家养老服务中心、农村慈善幸福院等可采取与周边医疗卫生机构（医院、社区卫生服务机构、乡镇卫生院）合作的方式，为老年人提供医疗卫生服务。养老机构内设的医疗机构，符合城镇基本医疗保险和新型农村合作医疗定点条件的，人力资源社会保障和卫生管理部门应依法将其纳入当地医保定点范围。加快护理型养老机构建设，优化养老床位结构，保障失能失智老年人机构养老需求，全县至少建设1所护理型养老机构。进一步改进优化医疗保险报销程序和结算方式，最大程度方便老年人，切实解决老年人异地就医结算问题。

2. 积极鼓励医疗卫生机构进行医养一体化建设。鼓励和引导县、乡医疗机构在结构和功能调整中，合理利用闲置的医疗资源，创造条件向老年护理院、老年康复医院转型。鼓励兴建老年康复医院，提高老年医疗康复水平，落实医疗卫生机构为老年人就医提供优先优惠服务要求。有条件的二级以上综合医院应当开设老年病科，增加老年病床数量，做好老年慢性病防治和康复护理。社区卫生服务机构要与老年人家庭建立医疗契约服务关系，开展上门诊视、健康体检、保健咨询等服务。积极探索通过购买服务方式满足老年人的其他医疗服务。

四、完善落实扶持发展政策

（一）落实养老服务用地政策。县、乡合理安排养老服务需求，并向社会公布。对新办的非营利性养老服务机构建设用地，符合国家划拨用地条件的，经批准可采取划拨方式优先供地，也可依法使用农民集体所有的土地。对新办的营利性养老服务机构建设用地，要明确用地性质，按照国家对营利性用地依法办理有偿用地手续的规定，优先保障供应。乡镇、村公益性养老服务机构的建设用地，经依法批准，可使用集体所有土地。城乡规划确定的养老服务设施用地，非经法定程序不得改变用途；严禁将土地使用权和房产权以任何方式变相出售，对违反规定擅自改变土地用途的，民政部门要撤销养老服务机构登记，国土资源部门要依法责令其交回土地。养老服务设施因城市建设需要依法拆迁时，要优先安排同等面积的回迁或易地建设用地。鼓励社会力量对企业厂房、商业设施及其他可利用的社会资源进行整合和改造，兴办养老服务机构。

（二）完善落实财政扶持政策。建立完善政府公共财政养老服务投入稳定增长机制，逐步增加养老服务体系建设专项资金，确保各项养老服务财政补助政策兑现到位。政府举办养老服务机构的基本建设、机构运转、人员经费和机构内集中供养对象的基本生活保障经费，纳入同级财政预算并建立动态保障机制。县政府用于社会福利事业的彩票公益金，要确保50%以上的比例用于支持发展养老服务业，并随老年人口的增加逐步提高投入比例。从2016年起，社会办养老机构的建设补贴、床位运营补贴、养老护理员岗位补贴、奖励资金和社区居家养老服务中心（社区老年人日间照料中心）的建设补贴、运营补贴以及农村慈善幸福院扶持资金等各类养老资金列入财政预算。

1. 加大对非营利性社会办养老机构的培育扶持，对取得《养老机构设立许可证》和《民办非企业单位登记证书》的社会办养老服务机构，给予建设补贴、运营补贴、养老护理岗位补贴和资金奖励。

（1）建设补贴。在本县区域新建（包括自建房和租用房）的社会办养老服务机构，床位数达到50张（含）以上，经民政部门考核达标，所用房屋是自建房的每张床位发放一次性建设补贴2000元（分4年平均发放），所用房屋是租用房且租期满5年的每张床位发放一次性建设补贴1500元（分5年平均发放）。接受补贴的社会办养老机构5年内改变床位用途或养老机构性质的，由相关部门收回建设补贴（改扩建参照以上规定执行）。

（2）运营补贴。对入住老年人购买养老机构责任保险的社会办养老机构（公办民营、公建民营养老机构参照执行），经民政部门考核达标的，根据入住 W 户籍老年人实有数，按照自理老年人每月每张床位 50 元，半失能老年人每月每张床位 80 元，失能老年人每月每张床位 100 元标准，给予养老机构床位运营补贴。

（3）养老护理岗位补贴。对服务满 6 个月且取得养老职业资格证书的养老护理人员，按照高级、中级、初级不同等级，分别给予每人每月 150 元、100 元、50 元的养老护理岗位补贴。

（4）资金奖励。对管理规范、老年人满意度高并获得省级以上表彰的社会办养老服务机构，给予适当资金奖励。

2. 对新建的社区居家养老服务中心（社区老年人日间照料中心），经民政部门验收合格后，给予 10 万元的一次性建设补贴；对运行良好的社区居家养老服务中心（社区老年人日间照料中心）按照每月每平方米 10 元给予运营补贴。

3. 对新建且开业运营的农村慈善幸福院，经民政部门验收合格后，给予 2 万元一次性扶持资金，从运营后的第二年起按照每月每平方米 10 元的标准给予运营补贴。

4. 通过政府购买服务方式，为“三无”老人、生活不能自理或半自理无子女照顾的低保老人、独生子女和计生双女父母困难老人及高龄、独居、失独、省级以上老劳动模范、重点优抚对象中生活困难老人以及其他生活困难的老人，按照每人每月 100 元标准购买养老服务。

（三）落实税费优惠政策。

1. 落实国家现行支持养老服务业的税收优惠政策。对民政部门许可的养老机构提供的养护服务免征营业税，对非营利性养老机构自用房产和土地免征房产税、城镇土地使用税，对符合条件的非营利性养老机构取得的免税收入免征企业所得税。对企事业单位、社会团体和个人向非营利性养老机构的捐赠，符合相关规定的，准予在计算其应纳税所得额时按税法规定比例扣除。

2. 落实养老机构有关行政事业性收费政策。对非营利性养老机构建设免征有关行政事业性收费，对营利性养老机构建设减半收取有关行政事业性收费，对养老机构提供养老服务适当减免行政事业性收费。免征或减收的行政性事业收费项目包括：土地复垦费、土地闲置费、耕地开垦费、土地登记费、房屋登记费、防空地下室易地建设费、消防产品检测检验费、市政设施损坏赔偿费等。

3. 落实用电、用水等优惠政策。养老机构用电、用水、用气、用暖按居民生活类最低阶梯价格执行；固定电话、宽带互联网费用执行家庭住宅价格；电话接入费和有线（数字）电视接入费（开户费、安装工料费等）免缴。非营利性养老机构缴纳有线（数字）电视终端用户收视维护费享受15%优惠。

（四）完善落实相关保险制度。建立风险分担机制，降低养老服务机构运营风险，积极推行养老服务机构责任保险，确定保险责任，明确养老机构和入住老年人个人缴纳保险费的比例。公办养老机构的保险费用应当列入同级财政预算；财政给予非营利性养老服务机构的运营补贴，可用于资助养老服务机构投保养老服务责任保险。

（五）落实养老服务融资政策。将国家有关促进服务业发展的金融政策落实到养老服务业，增加养老服务机构及其建设项目信贷投入。坚持政府引导和市场运作相结合，通过贷款贴息、直接融资补贴、融资担保等办法，使更多信贷资金和社会资金投向养老服务业。积极争取保险金融投资养老服务领域，支持保险公司探索开展住房反向抵押养老保险试点。引导和规范商业银行、保险公司、证券公司等金融机构开发适合老年人的理财、信贷、保险等产品。金融机构要在符合市场原则的前提下，放宽贷款条件，对养老服务机构及其建设项目积极提供融资便利及实行优惠利率。鼓励和引导慈善资金投向社会养老服务设施建设，用于实施养老救助项目。

五、保障措施

（一）健全机制，部门联动。县民政局要履行业务监管职责，建立健全养老服务准入、退出、监管机制，加强宏观引导、行业规范、业务指导和监督管理；县发展改革委要将养老服务业发展纳入经济社会发展规划，推进养老服务项目建设，探索建立科学合理的养老服务价格形成机制；县财政局要做好资金预算，逐步建立符合养老服务业发展需要的公共财政投入增长机制，落实相关补贴政策；县人社局要做好养老服务人员管理、职业技能培训与鉴定工作；县卫计委要研究医养结合服务模式，提升医疗服务能力；县规划局、国土局、住建局要统筹规划养老服务设施建设和保障土地供应，县招商局要将养老产业作为招商引资的重要内容；县国税局、地税局要切实落实税收优惠政策；县公安消防大队、食品药品监管局要加强对养老服务机构的消防、食品安全监督管理。县老龄、慈善、精神文明、文化、广电、教育、金融保险、人口计生、联通、电业、商务、农业、质监、工商、科技、统计、团委、妇联、残联等部门单位要按各自职能抓好相关政策的落实，及时解决工作中遇到的问题，形成加快养老服务业发展的强大合力。

（二）降低门槛，简化手续。养老机构的设立应符合民政部《养老机构设立许可办法》、河南省民政厅《河南省养老机构设立许可管理办法》和市、县民政局相关规定。社会力量投资建设的养老服务机构项目实行备案制，民政部门不再设置前置审批。为老年人提供集中居住和照料服务的养老服务机构实行许可制。开展其他养老服务或产品研发、生产的机构，属营利性的企业单位到工商部门直接注册登记，属非营利性的民办非企业单位可到民政部门直接注册登记。

（三）强化培训，引导就业。支持黄河交通学院、Z 护理学校等高等院校和职业技术院校开设老年服务与管理类专业及相关课程，加快培养老年医学、康复、护理、营养、心理和社会工作等方面人才。鼓励引导大中专院校毕业生从事养老服务行业。依托大中专院校、培训机构和养老服务机构，设立养老护理人员培训基地，加大在职轮训力度，实行免费培训。把养老服务从业人员技能培训纳入城乡就业培训本系，按照职业标准组织开展养老护理、家政服务等相关职业的技能培训，经职业技能鉴定合格的，发给相应的职业资格证书，全县基本实现所有养老护理人员持证上岗。符合条件的人员可按照规定申请享受职业培训补贴，持证上岗的就业困难人员可按照相关规定申请享受就业补贴。对在养老机构就业的医生、护士、康复医师、康复治疗师等专业技术人员，执行与医疗机构、福利机构相同的执业资格、注册考核政策。

（四）建立平台，完善制度。利用现代信息技术手段，建设养老服务信息化综合平台，建立全县养老服务信息管理系统，整合家政、物业、餐饮、物流等服务资源，形成市场广泛参与、服务价格适中的居家养老服务供给体系，推进覆盖县、乡两级的“12349”养老服务呼叫网络，为老年人和服务商之间搭建公益便捷桥梁。建立健全养老服务评估制度，积极推进养老服务评估工作深入开展。加强人口老龄化数据综合分析，建立老年人信息档案，为政府采集行业信息、公众接受养老服务、行业规范化发展提供技术支撑。

（五）广泛宣传，营造氛围。引导、培育、扶持社会力量积极主动投身养老服务业，形成政府、市场、社会、家庭和老年人共同参与、各尽其能的发展格局。完善监管机制，提升养老服务质量和产品质量，引导老年人树立健康的养老观念、社会化养老服务的消费理念，营造安全、便利、诚信的老年消费环境。广泛宣传敬老、养老、爱老、助老、孝老传统美德和养老服务先进典型，充分利用董永故里及国家第一批非物质文化遗产董永与七仙女传说的优秀传统文化资源，加大宣传力度，扩大孝文化影响力，动员社会各方关心、支持、参与董永故里“十大孝亲敬老之星”评选活动，突出群众评、评群众、群众学，从群众身边现先进人物，使推出的典型可敬、可信、可亲、可学，成为群众自我教育、自我提高的有效途径，推动公民道德实践，提升公民道德水平，营造有利于养老服务业发展的社会环境。

（六）强化督导，准确落实。各乡镇办事处及县政府有关部门要根据本实施意见要求，结合工作职责和实际制定实施方案，细化政策措施。县发展改革委、民政局、老龄办要加强对本实施意见执行情况的监督指导，及时向县政府报告有关情况。县政府将适时组织专项督查。

附件：W 县加快发展养老服务业重点任务分工

2016 年 1 月 11 日

附件

W县加快发展养老服务业重点任务分工

序号	重点工作任务	责任部门	时间进度
1	科学编制养老服务业发展规划	县民政局、发展改革委、城乡规划局、国土资源局、老龄办和各乡镇办事处	2016年1月底前出台
2	完善政府供养制度，建立完善居家养老服务网络	民政局、财政局、老龄办和各乡镇办事处	持续实施
3	按照人均用地不少于0.1平方米的标准，分区分级规划设置养老服务设施。凡新建居住（小）区按标准要求配套建设养老服务设施，并与住宅同步规划、同步建设、同步验收、同步交付使用。老城区和已建成居住（小）区无养老服务设施或现有设施未达到规划和建设指标要求的，要通过购置、置换、租赁等方式开辟养老服务设施	县城乡规划局、住房和城乡建设局、国土资源局、民政局、老龄办和各乡镇办事处	2016年3月底前出台具体措施
4	加快养老机构建设	县民政局、发展改革委、住房和城乡建设局、城乡规划局、工商局、国土资源局、卫计委、食品药品监管局、民宗局、商务局、环境保护局、公安消防大队、老龄办和各乡镇办事处	持续实施
5	建立政府购买服务制度	县财政局、发展改革委、民政局、老龄办	2016年4月底前出台具体措施
6	不断完善老年人优待制度	县民政局、财政局、工业和信息化局、统计局和各乡镇办事处	2016年6月底前出台具体措施
7	不断完善老年人优待制度	县民政局、财政局、发展改革委、卫计委、交通运输局、商务局、文化局、广电中心、体育局、旅游局、住房和城乡建设局、城乡规划局、司法局、老龄办和各乡镇办事处	市政策出台后3个月内制定具体措施

续表

序号	重点工作任务	责任部门	时间进度
8	鼓励引导黄河交通学院、Z护理学校等高等院校和职业技术院校开设老年服务与管理类专业及相关课程，加快培养老年医学、康复、护理、营养、心理和社会工作等方面人才，鼓励引导大中专院校毕业生从事养老服务行业。依托大中专院校、培训机构和养老服务机构，设立养老护理人员培训基地，加大在职轮训力度，实行免费培训	黄河交通学院、Z护理学校、县教育局、人力资源和社会保障局、高校办、民政局、老龄办和各乡镇办事处	市政策出台后3个月内制定具体措施
9	把养老服务从业人员技能培训纳入城乡就业培训体系	县人力资源和社会保障局、财政局、民政局、老龄办和乡镇办事处	2016年4月底前出台具体措施
10	对在养老机构就业的医生、护士、康复医师、康复治疗师等专业技术人员，执行与医疗机构、福利机构相同的执业资格、注册考核政策	县人力资源和社会保障局、卫计委、民政局、老龄办和乡镇办事处	市政策出台后3个月内制定具体措施
11	鼓励支持社会力量按市场需求，参与居家和养老服务发展，培育一批政府购买养老服务定点单位，支持其连片辐射、连锁经营、统一管理、打造特色品牌	县民政局、财政局、工商局、卫计委、商务局、老龄办和各乡镇办事处	市政策出台后3个月内制定具体措施
12	允许外来和民间资本包括港澳台在内的境外投资者投资养老服务业，支持各乡镇（办事处）在开放招商中，把养老服务业项目列为本地区服务业领域招商引资重点项目	县发展改革委、商务局、招商局、民政局、工商局、财政局、住房和城乡建设局、城乡规划局、国土资源局、国税局、地税局、老龄办和各乡镇办事处	2016年5月底前出台具体措施
13	壮大老年服务产业。依托黄河文化游览区、妙乐寺景区、四大怀药原产地等优势开发旅游度假、养生养老以及餐类老年产品，培育以养生养老为主体的养老服务产业，发展养老产业集群	县发展改革委、旅游局、科技局、农业局、工业和信息化局、商务局、民政局、工商局、老龄办，各乡镇办事处	2016年5月底前出台具体措施

续表

序号	重点工作任务	责任部门	时间进度
14	培育发展养老社会组织	县民政局、老龄办和各乡镇办事处	持续实施
15	大力开展各类为老志愿活动	团县委、县民政局、文明办、总工会、妇联、老龄办和各乡镇办事处	2016年5月底前出台具体措施
16	支持乡镇农村敬老院拓展成为区域性养老服务中心；加强农村慈善幸福院建设，促进农村养老服务发展	县民政局、财政局、老龄办和各乡镇办事处	持续实施
17	不断增强养老机构医疗服务能力；着力提升医疗卫生机构养老服务水平	县卫计委、人力资源和社会保障局、财政局、民政局、老龄办和各乡镇办事处	2016年4月底前出台具体措施
18	开展全县“十大孝亲敬老之星”评选活动	县文明办、民政局、财政局、老龄办和各乡镇办事处	2016年6月底前出台具体措施
19	社会力量投资建设的养老服务机构项目实行备案制，民政部门不许再设置前置审批。为老年人提供集中居住和照料服务的养老服务机构实行许可制。开展其他养老服务或产品研发、生产的机构，属营利性的企业单位到工商部门直接注册登记，属非营利性的民办非企业单位可到民政部门直接注册登记	县发展改革委、民政局、工商局、老龄办	持续实施
20	落实养老服务用地政策	县国土资源局、住房和城乡建设局、城乡规划局、农业局、民政局、老龄办和各乡镇办事处	2016年3月底前出台具体措施
21	政府举办养老服务机构的基本建设、机构运转、人员经费和机构内集中供养对象的基本生活保障经费，纳入同级财政预算，建立动态保障机制；县本级用于社会福利事业的彩票公益金，要确保50%以上比例用于支持发展养老服务业；将老龄事业专项工作经费纳入同级财政预算	县财政局、民政局、老龄办和各乡镇办事处	持续实施

续表

序号	重点工作任务	责任部门	时间进度
22	落实社会办养老机构建设、床位运营和养老护理员岗位补贴，对符合条件的新建社区居家养老服务中心（社区老年人日间照料中心）、农村慈善幸福院给予一次性建设补贴和运营补贴，给予获得省级以上政府或市级以上部门表彰的社会养老服务机构奖励	县财政局、民政局、老龄办和各乡镇办事处	2016年3月底前出台具体措施
23	对养老机构提供的养护服务免征营业税，对非营利性养老机构自用房产和土地免征房产税、城镇土地使用税，对符合条件的非营利性养老机构取得的免税收入免征企业所得税。对企事业单位、社会团体和个人向非营利性养老服务机构的捐赠，符合相关规定的，准予在计算其应纳税所得额时按税法规定比例扣除	县财政局、国税局、地税局、房管中心、国土资源局、民政局	持续实施
24	对非营利性养老机构建设免征行政事业性收费，对营利性养老机构建设减半收取行政事业性收费，对养老机构提供养老服务适当减免行政事业性收费	县财政局、发展改革委、住房和城乡建设局、房管中心、国土资源局、公安局、人防办、民政局、老龄办	持续实施
25	养老机构用电、用水、用气、用暖按居民生活类最低阶梯价格执行；固定电话、宽带互联网费用执行家庭住宅价格；电话接入费和有线（数字）电视接入费（开户费、安装工料费等）免缴。非营利性养老服务机构缴纳有线（数字）电视终端用户收视维护费享受15%优惠	县发展改革委、住房和城乡建设局、广电中心、民政局、老龄办、供电公司、河南移动W分公司、中国联通W分公司、中国电信W分公司	持续实施
26	积极推行养老服务机构责任保险，确定保险责任，明确养老机构和入住老年人个人缴纳保险费的比例	县政府金融办、财政局、民政局、老龄办和各乡镇办事处	2016年4月底前出台具体措施

续表

序号	重点工作任务	责任部门	时间进度
27	落实养老服务融资政策	县政府金融办、人民银行W支行、县财政局、民政局、老龄办和各乡镇办事处	市政策出台后3个月内制定具体措施
28	健全工作机制	县民政局及县直各有关单位和各乡镇办事处	本意见下发后实施
29	明确职责分工	县民政局、财政局、发展改革委、卫计委、食品药品监管局、公安消防大队和各乡镇办事处	持续实施
30	加强经费保障	县财政局、民政局和各乡镇办事处	持续实施
31	营造良好氛围	县文明办、老龄办及县直各有关单位，各新闻媒体，各乡镇办事处	持续实施
32	加大任务落实	县发展改革委、民政局、老龄办和各乡镇办事处	持续实施

注：本表中“责任部门”栏内排第一位的是本项任务的牵头单位。

W县人民政府办公室

2016年1月11日印发

附录3　中共W县委办公室　W县人民政府办公室关于印发《W县贫困兜底户“五养八延伸”实施方案》的通知

各乡镇党委、政府，各街道党工委、办事处，县委各部委，县直各单位：

《W县贫困兜底户“五养八延伸”实施方案》已经县委、县政府同意，现印发给你们，请认真贯彻落实。

中共W县委办公室

W县人民政府办公室

2020年4月3日

W县贫困兜底户“五养八延伸”实施方案

为全面贯彻落实中央和省、市委关于脱贫攻坚工作部署，着力解决建档立卡贫困兜底户脱贫难、返贫易难题，根据《河南省脱贫攻坚领导小组关于印发2020年工作要点的通知》（豫脱贫组〔2020〕14号）和《Z市脱贫攻坚领导小组关于印发2020年工作要点的通知》（Z脱贫组〔2020〕1号）精神，现结合我县实际，特制定本方案。

一、指导思想

以习近平总书记扶贫开发重要论述为指导，深入贯彻落实中央和省市决战决胜脱贫攻坚座谈会议精神，针对全县建档立卡贫困兜底户，按照“党委领导、政府主抓、社会参与，因户施策、不漏一人”的原则，调动各方力量，整合各类资源，完善集中医养制度，采取亲情托养、邻里托养、慈善托养、包帮托养的模式，延伸公益性岗位、培训就业、创业发展、金融贷款、家庭医生、医疗救助、社会救助、慈善救助等服务，建立健全社会保障兜底服务体系，让贫困兜底户生活有质量、兜底有保障、幸福有依靠。

二、工作目标

2020 年 3 月底前，总结大虹桥乡、小董乡、乔庙镇等乡镇试点经验，全面启动“五养八延伸”工作机制；4 月底前，各项政策基本落实到位并取得明显成效；6 月底前，开展“五养八延伸”工作“回头看”，总结工作经验，完善各项工作机制，确保到 2020 年底贫困兜底人员与全县人民同步进入全面小康社会。

三、主要措施

（一）巩固集中医养政策

全面落实集中医养制度，按照“分类管理、就近入住”的原则，动员并鼓励符合入住条件的建档立卡贫困户重度残疾人入住医养中心实行集中医养，提供医疗、保健、康复、文娱、养护“五位一体”的医养服务，解决重度残疾人家庭脱贫难题，实现“医养一个人、解放一群人、幸福一家人”目标。

（二）拓展四种模式

按照“一户一策、精准定制”的原则，对贫困兜底户中不符合集中医养条件、不适合集中医养或在医养中心试住后不愿集中医养的，采取亲情托养、邻里托养、慈善托养、包帮托养的兜底模式，全部落实兜底保障措施。

1. 亲情托养：主要针对生活困难、因病因残无人照顾、有近亲属愿意托养的贫困兜底户，按照双方自愿的原则，由村两委组织近亲属与贫困兜底户签订托养协议。

2. 邻里托养：主要针对生活困难、无近亲属或近亲属不愿托养，但有街坊邻居或亲戚朋友愿意邻养的贫困兜底户，由村两委组织双方按照自愿的原则签订托养协议。

3. 慈善托养：主要针对有托养需求，但无人愿意托养的贫困兜底户，由村级慈善幸福院实施慈善托养。

4. 包帮托养：主要针对暂时有自理能力，没有托养或邻养需求的贫困兜底户，由村两委牵头，组织村两委干部、党员、爱心人士等，与贫困兜底户签订包帮托养协议。

（三）延伸行业政策

对于已签订亲情托养、邻里托养、包帮托养协议的托养责任人及其家庭，进一步延伸脱贫攻坚政策，享受以下服务：

1. 延伸公益性岗位服务。县人社局负责提供保洁、就业等公益性岗位；县民政局负责运用慈善资金提供扶贫助残、助老等公益性岗位。

2. 延伸培训就业服务。县卫健委负责定期组织医护专业培训；县人社局负责组织开展电工、电焊、美容、美发等职业技能培训，落实就业培训补贴政策；搭建企业用工平台，定期推送招聘信息，优先安置就业；落实灵活就业人员社保参保补贴。

3. 延伸创业发展服务。县人社局负责提供创业培训和指导，落实培训、运管和创业补贴；县残联负责提供辣椒、油用牡丹等产业政策支持。

4. 延伸金融贷款服务。县人社局负责对于有自主创业贷款需求的家庭成员，简化程序提供创业贷款服务；县金融办负责提供授信支持和贷款服务。

5. 延伸家庭医生服务。县卫健委负责提供和贫困兜底户同等、同质的家庭医生签约服务，做好免费体检、医疗定制和上门随访服务。

6. 延伸医疗救助服务。县医保局负责开辟慢病证件办理绿色通道，提供上门服务。

7. 延伸社会救助服务。县民政局负责落实社会临时救助政策。

8. 延伸慈善救助服务。县民政局负责落实慈善救助政策，落实以奖代补政策。同时，负责将托养人员纳入爱心人士范畴，纳入乡风文明表彰范畴，给予相应荣誉。

四、工作流程

（一）全面排查，实行动态管理。由各乡镇办事处负责组织各村级脱贫责任组、驻村工作队、村两委、县直帮扶单位等人员，对全县贫困兜底户家庭情况进行全面摸排，根据贫困兜底户意愿，分类登记造册，建立兜底户“五养八延伸”数据库，实行动态管理。其中，试住医养中心一个月后，不愿继续集中医养的，采取其他四种适宜模式进行兜底保障。

（二）签订协议，明确权利义务。根据贫困兜底户具体情况，签订托养协议，从法律和制度层面上明确双方的权利和义务。协议签订后，由各村街上报至各乡镇办事处备案，作为监管和政策延伸重要依据。

（三）强化保障，提供精神和物质奖励。由县文明办和创建办借鉴“争当脱贫光荣户，文明勤劳奔小康”星级评定活动机制，建立兜底户“五养八延伸”评比机制，作为乡风文明协商组的重要工作内容。一是定期对贫困兜底户家庭卫生、生活质量、精神面貌等进行评比，对托养人员形成正向约束机制。二是由贫困兜底户对托养家庭进行评价，作为托养家庭是否能够享受延伸政策的重要依据。三是评比推选出一批“最美家庭”，打造文明新风尚、弘扬社会正能量。四是充分发挥慈善扶贫优势，动员社会各界爱心人士定向募集慈善资金，由县乡两级通过以奖代补的形式对亲情托养、邻里托养、包帮托养等家庭，按照承担的任务量给予一定的托养救助和慈善奖励补助。

（四）严格监管，提高幸福指数。持续开展监督检查，发挥社会、帮扶单位和媒体的监督作用，引导参与者树立正确的参与理念，不断提高贫困兜底户幸福指数。一是发挥社会监督作用。各村街村民委员会要组织村组干部、街坊邻居、五老人员（老党员、老教师、老干部、老军人、老模范）等，定期、不定期深入到贫困兜底户家中，对托养情况进行监督，作为托养家庭是否能够享受延伸政策的重要依据。二是发挥帮扶单位监督作用。县直帮扶单位要组织第一书记、驻村工作队成员、帮扶责任人落实结对帮扶职责，通过周二蹲点日入户或平时电话沟通等，全面掌握贫困兜底户生活情况。三是发挥媒体监督作用。通过电视、报纸、网站、自媒体等途径，收集社会各级反映情况。对于群众反映强烈的，由有关职能部门组成联合调查组，深入调查，解决实际问题，形成一套高效的问题收集和交办机制，做到发现一起、交办一起、办结一起。

五、工作要求

（一）加强组织领导。各乡镇办事处、各有关部门要高度重视贫困兜底户“五养八延伸”工作。县扶贫办要牵头抓总，组织民政、残联、卫健、人社、财政、医保等相关部门，及时研究解决工作推进中遇到的困难和问题。各乡镇办事处要认真落实主体责任，结合本辖区实际情况，制定实施方案，细化具体措施，织牢织密贫困兜底保障网络。各相关行业部门要根据各自工作职责，分工协作，合力推进，确保取得实效。

（二）营造浓厚氛围。坚持正面宣传，树立鲜明导向，挖掘托养和包帮工作中涌现出的先进典型事例，充分利用报刊、电视、网络等各类媒体媒介和政务事务栏等阵地进行大力宣传，营造全社会关心支持兜底保障工作的良好氛围。同时，要通过帮扶责任人、驻村工作队上门解读、印发宣传单、发放明白卡等办法，提升群众政策知晓率。

（三）严肃督导问责。建立健全“五养八延伸”兜底保障工作督查检查机制，县脱贫攻坚督导组要采取日常督查、定期督查、专项督查、跟踪督查、暗访督查等多种形式查纠突出问题，加大责任追究，确保兜底保障政策落实到位。

附件 1　W 县贫困兜底户行业延伸政策

附件 2　贫困兜底户亲情托养协议书

附件 3　贫困兜底户邻里托养协议书

附件 4　贫困兜底户慈善托养协议书

附件 5　贫困兜底户包帮托养协议书

附件 1

W 县贫困兜底户行业延伸政策

1. 公益性岗位服务

对已签订托养协议的家庭中有符合就业援助条件的未就业人员，优先安置到县人社局开发的保洁、就业和县民政局运用慈善资金开发的扶贫助残、助老等公益性岗位。

2. 培训就业服务

（1）享受专业培训服务。对已签订托养协议的家庭，由县卫健委负责定期组织开展医护专业培训。

（2）享受培训补贴扶持。对已签订托养协议家庭中有劳动能力和就业意愿的成员，由县人社局负责组织开展就业技能培训，并落实培训补贴。培训合格且取得职业资格证五级的，每人补贴 800 元；仅取得就业技能培训合格证的，每人补贴 700 元。

（3）享受社保补贴扶持。对已签订托养协议家庭中在县域内从事灵活就业并缴纳城镇职工基本养老保险的成员，由县人社局负责落实社保补贴政策。除对距法定退休年龄不足 5 年的可延长至退休外，补贴年限最长不超过 3 年。

3. 创业发展服务

（1）享受培训补贴扶持。对已签订托养协议家庭中有劳动能力和创业意愿的成员，由县人社局负责组织开展创业培训，并落实培训补贴。参加创业意识培训每人补贴 200 元；参加创业实训每人补贴 300 元；参加创办（改善）企业培训每人补贴 1000 元。

（2）享受创业贷款扶持。对已签订托养协议家庭中自主创业的成员，由县人社局负责落实创业担保贷款，贷款额度及期限根据经营项目、经营行业、规模效益和实际资金需求等综合确定，最高额度不超过 15 万元。对还款积极、带动就业能力强、创业项目好的，可继续享受创业担保贷款贴息（累计不超过 3 次），对超出贴息范围的可以享受个人自付利息的创业担保贷款。

（3）享受创业补贴扶持。对已签订托养协议家庭中首次创办企业或从事个体经营，且自工商登记注册之日起正常经营1年以上的大中专学生（含毕业5年内的普通高校、职业学校、技工院校毕业生及在校学生，毕业5年内留学回国人员）、就业困难人员、返乡农民工，由县人社局负责落实一次性创业补贴5000元。

（4）享受运营补贴扶持。对已签订托养协议家庭中自主创业的大中专学生、退役军人、失业人员、返乡创业农民工，由县人社局负责落实运营补贴扶持。其创办的实体在创业孵化基地发生的物管、卫生、房租、水电等费用，3年内给予不超过当月实际费用50%的运营补贴，年补贴不超过1万元。

（5）享受残疾人产业扶持。对已签订托养协议家庭中有残疾人的，由县残联提供辣椒、油用牡丹种植产业扶持政策，每户提供不超过3亩的辣椒或油用牡丹种植补贴。

4. 金融贷款服务

（1）享受授信支持。对已签订托养协议的家庭，由县金融办负责组织相关金融部门，在整村授信工作中提高受表彰、奖励家庭的信用评分、授信额度，落实信用支持政策。

（2）享受服务支持。对已签订托养协议的家庭，由县金融办负责纳入金融服务范围，开展政策宣讲和对接活动，统计家庭成员贷款需求，落实银行融资服务。

（3）享受利率支持。对已签订托养协议，且使用手机银行APP的家庭成员，由县金融办负责落实存款、理财优惠政策，提供普惠低利率贷款。由各商业银行提供特色金融产品服务，优先审批放贷，给予利率优惠。

5. 家庭医生服务

（1）享受家庭医生签约服务。对已签订托养协议的家庭，由县卫健委明确家庭医生签约服务团队，按照《国家基本公共卫生服务规范》进行规范履约服务，对家中60岁以上老年人和患有高血压、糖尿病、结核病、严重精神障碍等慢性病的人员一季度进行一次入户随访，充分掌握病情和用药情况，有针对性地进行健康指导和健康宣传教育。

（2）享受免费体检服务。对已签订托养协议家庭中60岁以上老年人和患有高血压、糖尿病、结核病、严重精神障碍等慢性病的成员，由县卫健委每半年组织一次免费体检。

（3）享受定制医疗服务。对已签订托养协议家庭中患有重病、长期慢性病的成员，由县卫健委组织家庭医生服务团队逐人定制医疗服务方案，每月至少进行一次入户随访，根据病情及时调整用药方案，确保方案最优。对家庭中身体健康的成员一季度随访一次，予以合理的健康指导和健康宣传教育。

（4）享受“先诊疗后付费”“一站式结算”服务。对已签订托养协议家庭中住院治疗的成员，由县卫健委负责落实县域内定点医疗机构“先诊疗后付费”“一站式结算”服务。

6. 医疗救助服务

（1）享受慢性病办理绿色通道服务。对已签订托养协议家庭中符合重症慢性病鉴定政策的成员，由县医保局开辟绿色通道，确保随时申报，随时鉴定。对家庭中行动不便的成员提供慢性病鉴定上门服务。

（2）享受“两病”报销政策。对已签订托养协议家庭中患有高血压、糖尿病但未达到居民医保门诊重症慢性病鉴定标准的成员，由县医保局提供“两病”政策咨询服务，确保“两病”报销政策落实到位。

7. 社会救助服务

由县民政局负责对已签订托养协议的家庭成员，纳入社会救助重点人群；对因照顾贫困兜底户出现生活困难的家庭，给予临时救助。

8. 慈善救助服务

由县民政局牵头，结合宣传部门开展“孝亲敬老”评比活动，对在照顾贫困兜底户过程中出现的典型事例进行宣传报道，发放“孝亲敬老”荣誉证书；对因照顾贫困兜底户出现生活困难的家庭，由慈善协会给予一定的慈善救助。

附件 2

贫困兜底户亲情托养协议书

甲方（被亲养人）：______________性别：______
户籍：________住址：______________身份证号：________
（备注：甲方包括所有的被亲养人）
乙方（亲养人）1：______________性别：______
户籍：________住址：______________身份证号：________
乙方（亲养人）2：______________性别：______
户籍：________住址：______________身份证号：________
（备注：乙方包括所有的亲养人）

为帮助甲方实现脱贫，防止返贫，提高生活质量。根据双方真实意愿，经村两委同意，甲、乙双方自愿达成如下协议：

一、甲乙双方的权利和义务

（一）甲方的权利和乙方的主要义务

1. 甲方有被乙方在有生之年悉心照顾、安享晚年和亡故后按照习俗安葬的权利。

2. 自______年____月____日起，甲乙双方开始共同生活（或者分开生活），生活费用由乙方全部承担。乙方负责全面照顾甲方的生活，积极履行对甲方的经济供养、生活照料和精神慰藉的义务，保证甲方的生活水平不得低于乙方家庭成员。

3. 在协议履行期间，甲方的经济收益，由甲乙双方共同协商使用（具体情况具体协议）。乙方不得要求甲方承担力所不及的劳动和家务。如甲方为无民事行为能力人，可按照法律程序，由村民委员会指定乙方为监护人。

4. 甲方的土地使用权、房屋所有权和居住权受法律保护，未经甲方和甲方所在村民委员会同意，乙方及乙方子女不得强占、出售、出租、转让。

5. 协议履行期间甲方生病，乙方应及时给予医治，承担全部医疗费用并负责治疗期间的生活照料与护理。甲方日常检查、就诊、买药由乙方负责，费用乙方自理。甲方大病需住院治疗的，乙方没有时间或条件亲自护理的，由乙方聘请专人护理，护理费用由乙方承担。

6. 甲方正常生活不能自理的，由乙方负责日常护理。乙方不能亲自照料甲方的，应当征求甲方的意见，尊重甲方的意愿，请人代为照料，并及时支付所需护理费用。如甲方丧失民事行为能力，由乙方承担全部照顾护理。如乙方为多人的，乙方之间可以协商由一人护理，其余未护理的应支付相应的护理补助，补助的数额由乙方共同协商确定。

7. 甲方体弱多病行走不便的，生活不能自理的，乙方要及时给予医治、照顾和精心看护，在精神上关心甲方，不得用粗暴蛮横的语言对待甲方。

8. 协议履行期间，乙方对甲方的亲养行为，自愿接受村民委员会管理指导。乙方应每____月主动向村民委员会汇报亲养情况，如有突发情况，应随时汇报，不受时间限制。甲方可以随时与村民委员会沟通乙方亲养行为。

（二）乙方的权利和甲方的主要义务

1. 甲方愿将自己的房屋______间，建筑面积为______平方米，以及房屋中的一切家具杂物（______件），存款______元，在甲方亡故后全部赠予乙方。自甲方亡故后甲方所有财产所有权转移乙方，由乙方自由支配。如甲方有责任田______亩，在国家法律政策范围内，由乙方耕种。如乙方为多人时，乙方所受赠财产，按照法律规定分配，或由双方协商分配。甲方在世时享有居住权、使用权，乙方不得干预。甲方在协议期间不能处置以上所述财产。

2. 协议履行期间，未经乙方同意，甲方不能将上述财产转赠他人，甲方过世后其所有财产所有权按照协议归乙方所有（另有协议的按照协议执行）。

3. 乙方在协议履行期间享受政府因其亲养甲方所给予的政府补贴及金融、医保、民政、教育、卫健、人社、残联等扶贫部门的优惠政策。

二、协议变更的条件和争议的解决方法

（一）甲乙双方必须接受双方村民委员会的共同指导、管理和监督。双方应互尊、互爱、互敬，和睦相处，共同遵守协议。如出现矛盾纠纷，甲乙双方应主动向村民委员会请求协调解决。

（二）本协议应取得甲乙双方，以及甲乙双方村民委员会全部同意后方可变更、修改。

（三）本协议履行期间发生争议，在协商、调解的过程中，应本着实事求是、求同存异、最有利于维护甲方利益的原则进行协商，妥善处理好争议事宜。

（四）如甲乙双方任何一方因客观原因，不能继续履行协议，应提前______日向村民委员会报告，经村街、乡镇办事处同意后，方可解除协议，终止亲养关系。

三、违约责任

（一）协议履行期间，乙方不得以放弃甲方财产权或其他理由，拒绝履行协议义务。

（二）乙方如有违约行为，将双倍返还所享受的政府补贴和享受其他行业部门的优惠政策所获得的经济利益，取消因亲养关系所获得的各项荣誉，并在市县主要媒体予以公布。甲方已经享受乙方所支付的生活、医疗以及其他任何费用，甲方不再返还。

（三）因乙方不履行本协议而产生的诉讼费、律师费、交通费、甲方协议履行期间的护理人员护理费以及其他相关费用由违约的乙方承担。

本协议一式____份，具有同等法律效力。甲乙双方以及双方村民委员会各执一份。（备注：按具体情况而定）

甲方：　　　　　　乙方1：　　　　　　乙方2：

监督单位：______村民委员会

年　月　日

附件 3

贫困兜底户邻里托养协议书

甲方（被邻养人）：______________性别：______

户籍：________住址：______________身份证号：________

（备注：甲方包括所有的被邻养人）

乙方（邻养人）1：______________性别：______

户籍：________住址：______________身份证号：________

乙方（邻养人）2：______________性别：______

户籍：________住址：______________身份证号：________

（备注：乙方包括所有的邻养人）

为帮助甲方实现脱贫，防止返贫，提高生活质量。根据双方真实意愿，经村两委同意，甲、乙双方自愿达成如下协议：

一、甲乙双方的权利和义务

（一）甲方的权利和乙方的主要义务

1. 甲方有被乙方在有生之年悉心照顾、安享晚年和亡故后按照习俗安葬的权利。

2. 自______年____月____日起，甲乙双方开始共同生活（或者分开生活），生活费用由乙方全部承担。乙方全面负责照顾甲方的生活，积极履行对甲方的经济供养、生活照料和精神慰藉的义务，保证甲方的生活水平不得低于乙方家庭成员。

3. 在协议履行期间，甲方的经济收益，由甲乙双方共同协商使用（具体情况具体协议）。乙方不得要求甲方承担力所不及的劳动和家务。如甲方为无民事行为能力人，可按照法律程序，由村民委员会指定乙方为监护人。

4. 甲方的土地使用权、房屋所有权和居住权受法律保护，未经甲方和甲方所在村民委员会同意，乙方及乙方子女不得强占、出售、出租、转让。

5. 协议履行期间甲方生病，乙方应及时给予医治，承担全部医疗费用并负责治疗期间的生活照料与护理。甲方日常检查、就诊、买药由乙方负责，费用乙方自理。甲方大病需住院治疗的，乙方没有时间或条件亲自护理的，由乙方聘请专人护理，护理费用由乙方承担。

6. 甲方正常生活不能自理的，由乙方负责日常护理。乙方不能亲自照料甲方的，应当征求甲方的意见，尊重甲方的意愿，请人代为照料，并及时支付所需护理费用。如甲方丧失民事行为能力，由乙方承担全部照顾护理。如乙方为多人的，乙方之间可以协商由一人护理，其余未护理的应支付相应的护理补助，补助的数额由乙方共同协商确定。

7. 甲方体弱多病行走不便的，生活不能自理的，乙方要及时给予医治、照顾和精心看护，在精神上关心甲方，不得用粗暴蛮横的语言对待甲方。

8. 协议履行期间，乙方对甲方的邻养行为，自愿接受村民委员会管理指导。乙方应每____月主动向村民委员会汇报邻养情况，如有突发情况，应随时汇报，不受时间限制。甲方可以随时与村民委员会沟通乙方邻养行为。

（二）乙方的权利和甲方的主要义务

1. 甲方愿将自己的房屋______间，建筑面积为______平方米，以及房屋中的一切家具杂物（______件），存款______元，在甲方亡故后全部赠予乙方。自甲方亡故后甲方所有财产所有权转移乙方，由乙方自由支配。如甲方有责任田______亩，在国家法律政策范围内，由乙方耕种。如乙方为多人时，乙方所受赠财产，按照法律规定分配，或由双方协商分配。甲方在世时享有居住权、使用权，乙方不得干预。甲方在协议期间不能处置以上所述财产。

2. 协议履行期间，未经乙方同意，甲方不能将上述财产转赠他人，甲方过世后其所有财产所有权按照协议归乙方所有（另有协议的按照协议执行）。

3. 乙方在协议履行期间享受政府因其邻养甲方所给予的政府补贴及金融、医保、民政、教育、卫健、人社、残联等扶贫部门的优惠政策。

二、协议变更的条件和争议的解决方法

（一）甲乙双方必须接受双方村民委员会的共同指导、管理和监督。双方应提倡互尊、互爱、互敬，和睦相处，共同遵守协议。如出现矛盾纠纷，甲乙双方应主动向村民委员会请求协调解决。

（二）变更本协议应取得甲乙双方，以及甲乙双方村民委员会全部同意后方可变更、修改。

（三）本协议履行期间发生争议，在协商、调解的过程中，应本着实事求是、求同存异、最有利于维护甲方利益的原则进行协商，妥善处理好争议事宜。

（四）如甲乙双方任何一方因客观原因，不能继续履行协议，应提前______日向村民委员会报告，经村街、乡镇办事处同意后，方可解除协议，终止邻养关系。

三、违约责任

（一）协议履行期间，乙方不得以放弃甲方财产权或其他理由，拒绝履行协议义务。

（二）乙方如有违约行为，将双倍返还所享受的政府补贴和享受其他行业部门的优惠政策所获得的经济利益，取消因邻养关系所获得的各项荣誉，并在市县主要媒体予以公布。甲方已经享受乙方所支付的生活、医疗以及其他任何费用，甲方不再返还。

（三）因乙方不履行本协议而产生的诉讼费、律师费、交通费、甲方协议履行期间的护理人员护理费以及其他相关费用应由违约的乙方承担。

本协议一式____份，具有同等法律效力。甲乙双方以及双方村民委员会各执一份。（备注：按具体情况而定）

甲方：　　　　乙方 1：　　　　乙方 2：

监督单位：______村民委员会

年　月　日

附件 4

贫困兜底户慈善托养协议书

甲方（村慈善幸福院）：______________

乙方（贫困兜底户入住人员）：______

身份证号：_______________所在村组：______________

为解决兜底贫困户生活养老问题，甲乙双方自愿平等协商，达成本协议：

一、甲方的权利和义务

1. 乙方入院期间，甲方向乙方提供相应的生活照料、保健康复、文化娱乐、精神慰藉等服务。

2. 甲方需保证食品安全卫生，努力提高饭菜质量，注意服务态度，对乙方要热情接待、细心照料，让乙方心情舒畅、快乐就餐。

3. 甲方应加强院务管理，保证老年人享有干净卫生的生活环境。

4. 乙方入院期间以及来回途中发生意外（如生病、摔伤等），甲方应及时联系就医。

二、乙方的权利和义务

1. 乙方自愿入院，并向甲方提出入院申请。

2. 乙方入院期间有享受甲方提供的各项服务的权利。

3. 乙方在入院期间应遵守院内各项规章制度，与人和睦相处，搞好个人集体卫生，爱护公共财物。

4. 入院期间，贫困兜底户各项政策待遇继续由乙方享受，乙方承担入院所需费用______元。

三、协议期限：______年__月__日至______年__月__日。

四、本协议一式两份，甲、乙双方各执一份，自双方签字（盖章）之日起生效。

甲方（签字、盖章）：　　　　　　乙方（签字）：

年　月　日

附件 5

贫困兜底户包帮托养协议书

甲方（帮扶单位或个人）：____________性别：____

户籍：________住址：______________身份证号：________

乙方（被帮扶对象）：________________性别：____

户籍：________住址：______________身份证号：________

按照扶贫工作的精神要求，根据甲方的实际情况，为帮助甲方实现脱贫，防止返贫，根据双方真实意愿，经______村民委员会同意，甲、乙双方自愿达成如下协议：

1. 甲方在力所能及的情况下，积极为乙方家庭成员生活、就业、就学等提供帮助。

2. 甲方要负责照顾乙方的生活、生产情况，指导乙方正当合理使用帮扶资金，将资金用于发展生产、改善生活和子女就学就业等方面，以便乙方提高经济收入，改善生活。

3. 甲方在协议履行期间，能够享受金融、医保、民政、教育、卫健、人社、残联等扶贫部门相应优惠政策。

4. 甲方履行帮扶协议，要接受______村民委员会的监督、管理和指导。甲方应切实履行帮扶协议，如甲方有违约行为，将双倍返还所享受的政府补贴和其他政策的优惠。如甲方愿意改正，可以进行协调解决。

5. 协议期限：______年__月__日至______年__月__日

6. 本协议一式五份，甲、乙双方各执一份。被帮扶对象所在村街、乡镇办事处、扶贫办各存一份。

甲方（签字）：　　　　　乙方（签字）：

监督单位：________村民委员会

年　月　日

中共 W 县委办公室　　　　2020 年 4 月 3 日印发

附录 4　W 县养老情况访谈提纲

一、县级领导或职能部门负责人访谈提纲

（1）W 县目前的整体养老状况如何，以及全县目前探索养老模式的经验有哪些，有哪些主要制约因素等。（侧重养老保障发展历程、政策落实等情况）

（2）上级党委、政府对于养老保障的总体部署和具体安排有哪些？这些部署和安排落实情况如何？年度预定进度任务完成情况如何？有什么好的经验和做法？

（3）针对本县的养老保障模式探索，县委、县政府对养老工作做了哪些总结？什么样的模式更适合本县的情况？

（4）W 县养老保障工作中，有哪些基本组织架构？涉及哪些主要职能部门？具体职责怎样划分？是否存在交叉情况？（重点关注县民政局、发展改革委、住房和城乡建设局、城乡规划局、工商局、国土资源局、卫计委、食品药品监管局、民宗局、商务局、环境保护局、公安消防大队、老龄办和各乡镇办事处等部门）

（5）您作为党政主要负责人，在安排部署和组织推进养老模式探索过程中做了哪些工作？与之前相比，有什么变化和创新？

（6）您作为行业部门负责人，在推进养老模式探索中做了哪些工作？与之前的养老保障模式相比，有什么变化和创新？

（7）结合县里的实际情况，对于进一步推进养老保障模式创新，您有什么意见建议？

（8）您认为县域层面对于养老保障模式创新统筹力度如何？具体体现在哪些方面？在实际推进过程中有哪些困难？

（9）在乡村振兴背景下，如何继续探索创新养老保障模式？县里是如何具体开展的？

二、乡镇及村级负责人访谈提纲

（1）请您总体介绍一下乡镇及村级探索创新养老保障模式的情况（尤其是近五年情况）。

（2）乡镇农村养老保障工作涉及哪些部门？具体职能划分是否有交叉？

（3）乡镇和村级在落实国家和县级社会保障政策过程中，遇到哪些具体困难，如何克服解决的？请讲述具体案例。

（4）您认为有哪些政策不符合实际？如何改进，有哪些具体建议？

（5）您认为乡镇和村级在养老保障模式探索中主体性作用发挥如何？县级有关养老保障模式探索的政策在乡镇和村级社会是否被有效落实？是否遇到阻力？

（6）您认为哪种养老保障模式比较符合当地民众需求？对优化此模式有无具体建议？

（7）乡镇层面、村级层面如何看待不同养老保障模式的可持续问题？

（8）在探索养老保障模式中，您认为乡镇党委政府的协调是否得力？社会养老机构参与情况如何？社会养老机构是否存在困难或问题？有什么具体建议？

三、一般村民访谈提纲

（1）您家里有哪些成员？老人多大年龄？身体状况如何？

（2）您是否愿意将老人送到社会养老机构，或政府举办的敬老院？

（3）您觉得当前老人养老最需要什么？从需求看，物质和精神层面哪个影响更大一些？为什么？

（4）家庭养老有哪些具体困难，如何克服解决？可以讲讲具体案例。

（5）您看到或听到了哪些不同的养老保障模式？将来您年龄大了，倾向于哪一种？为什么？

（6）您认为当地政府或社会供给养老服务的情况如何？有哪些不足？可以分享一些具体案例。

（7）您认为咱们县哪个地方的养老服务做得好？他们为何做得好？结合他们的经验，您觉得乡镇应该怎么做？有哪些具体建议？

附录 5　本书主要访谈对象列表

序号	访谈编码	访谈对象	访谈时长
1	WLM202000810-L	Q 镇干部刘某	90 分钟
2	WLM202000818-G	郭姓退休干部	115 分钟
3	WLM202000820-J	G 乡干部金某	80 分钟
4	WLM202007112-H	W 县民政局何姓股长	130 分钟
5	WLM20200711-W	W 县民政局王姓副局长	200 分钟
6	WLM20200712-Z	W 县养老院赵姓院长	180 分钟
7	WLM20200715-W	W 县民政局王姓副局长	220 分钟
8	WLM20200717-C	C 村程姓村民	50 分钟
9	WLM20200718-H	Z 镇何姓村民	70 分钟
10	WLM20200721-L	Z 村李姓村干部	60 分钟
11	WLM20200721-L	Z 村李姓村民	40 分钟
12	WLM20200721-S	Z 村宋姓村民	40 分钟
13	WLM20200721-Z	C 村张姓村民	55 分钟
14	WLM20200721-W	Z 村王姓村民	45 分钟
15	WLM20200722-J	Z 村张姓村民	40 分钟
16	WLM20200722-W	Z 村金姓村民	40 分钟
17	WLM20200723-Z	D 村张姓村民	55 分钟
18	WLM20200726-Y	扬姓村民	40 分钟
19	WLM20200726-P	养老院负责人	50 分钟
20	WLM20200727-S	D 镇宋姓村民	60 分钟
21	WLM20200728-W	D 镇王姓村干部	76 分钟
22	WLM20200730-F	F 村范姓村民	65 分钟
23	WLM20200802-J	D 村江姓村民	85 分钟
24	WLM20200804-Y	B 镇岳姓村民	55 分钟
25	WLM20200805-H	E 镇何姓村民	68 分钟
26	WLM20200810-W	S 村王姓村民	90 分钟

索　引